# ありのままを受け止めて

## 自分の子供が壊れる前に読む本

# まえがき

「うるせえクソジジイ！　クソババア！」

「俺はな、お前らのせいでこうなったんや！」

そう言って私は覚せい剤が入った注射器を左手に持ち、袖《そで》をまくり上げた自分の右腕に突き刺しました。

今から二十数年前、私が二十三歳の頃のある夜の話です。

それを見た瞬間、父も母も自分の息子のあまりの惨状に腰を抜かし、しばらく呆然《ぼうぜん》としていました。

すると我に帰った母は、

「もう私はこんな家出て行く！　あんたのそんな姿見たくないわ！　ウワーッ！」

と泣き叫びながら、家を飛び出していってしまいました。

当時私が中学で非行に走って以来、私と向き合おうとせず宗教活動に一生懸命になって

いた母に対し、私は、

「どうせ逃げるんだろ……」

と、冷めた目でその後ろ姿を見ていました。

するとしばらく押し黙っていた父が、声を震わせながら言いました。

父「なんやそれ……覚せい剤か……」

私「だったら何や……」

父「お前そんなもんいつからやっとったんや……」

私「もう二年ぐらい前からほぼ毎日や……」

父「もうやめれんカラダなんか……」

私「そうや、二時間おきや……もう俺は人生終わったでよ！　廃人や！」

私はうなだれながら、そう父にぶつけました。

すると突然、父は嗚咽しながら大声で鳴き始めました。

父が泣いたのを見たのは、その時が初めてでした。

「裕太、悪かった、許してくれよ……」

「二年も前からやっとったなんて全然知らんかった……俺はお前の父親なのに情けねえ……」

父はうつむきながら、涙も鼻水も分からないくらいグシャグシャにして泣いていました。

そして、うなだれている私の横に来て背中をさすりながら、

「お前今までつらかったんやな……俺らの気持ちばかり押し付けて、お前の話聞いたらんかったな……ごめん……ごめん……」

そう絞り出すような声で、父は何度も何度も謝っていました。

しかし私はそれを聞いても、

(今さら何を言ってるんだ……もう、おせーよ……)

そう心の中でつぶやいていました。

しかし次の瞬間、

「でもなー裕太、えーか、よう聞けよ！」

「お前はな！　お父さんとお母さんの大事な息子なんやぞ！　宝物なんやぞ！」

「だからな！　こんなことしとったらあかん！」

「お父さんとお母さんが、お前が立ち直るためやったら、何でも協力する！　だから一緒に頑張ってやめよう！」

そう大声で叫びながら、私を強く抱きしめました。

「お前は大事な息子や！」

その言葉は、孤独感と愛情不足でぽっかり穴が空いた私の胸に突き刺さりました。

そして抱きしめられた時、教育熱心な親の期待を裏切り、〝どうせ俺など愛されていない〟と思っていた私の心に、

（ああ俺は愛されていたんだ……）

という実感が芽生え、涙が溢《あふ》れ、私も大声を出して泣きました。

非行に走ってから泣くことなどなかった私でしたが、その時ばかりは子供に戻ってただひたすら泣きました。

（この人たちは、俺のお父さんとお母さんなんや）

という当たり前のことに気づいたのもこの時です。

そう思うと急に、クソジジイクソババアなどと罵っていたさっきまでの自分が恥ずかしくなりました。

それと同時に、

（なんでもっと早く言ってくれんかったんや……）

（愛されているなんて知っていたら、クスリなんかやらなかったのに）

と、さえ思いました。

多分この時のことがなかったら、私はこの本を書いていなかったでしょう。というかそもそも講演活動もやっていないでしょうし、歌も歌っていなかったでしょうし、ひょっとしたら今頃刑務所にいたかもしれません。

でもこの時から私の人生は変わったのです。

体は痩《や》せ細り、覚醒剤地獄のどん底にいた私を、父が地獄の底から救い上げてくれたのです。

そして親になった今、あの時思わず家を飛び出した母の苦しみやつらさも、痛いほどわかるようになりました。

親の愛の力はスゴイです。

クスリなど、ものともしないほどの強いパワーがあるのです。

私が経験したから間違いありません。

逆に親の愛がしっかりしてないと、そのぶん反動が来ます。

特に親に傷つけられた子供は、他人に傷つけられるよりも百倍傷つきます。

だから〝親子の絆〟はとても大切なのです。

むしろこれがしっかりしていれば、世の中の大半の悲劇は無くなると言っても過言ではありません。

しかし親が子供を殺してしまうような今の時代、そんな無茶苦茶な親の元に生まれた子供は、どう生きていけばいいのでしょう。

この本では、私の壮絶な更生体験と、三百回を超える講演ライブ活動、そしてその活動の中で千人以上の相談に乗ってきたカウンセラーとしての経験をもとに、子育て、親育ちだけでなく、皆さんのこれからの人生にも、ぜひ役立てていただきたいと思っています。

◎目次

# 第2章 生まれながらの悪人は一人もいない 63

# 第3章　〝なりたい〟じゃなく〝なる〟　89

## 第4章 スマホに操られるな 131

# 第5章　時速四十キロで走る　153

第1章

# 薬物依存に走ってしまう心理

# 薬物依存に走ってしまう心理

人生は山あり谷ありです。いい時もあれば、悪い時もあります。誰でも調子がいい時は問題ないのですが、つらい時や苦しい時、どん底の時に、いかに人生を乗り切るかが、人生では重要になってきます。

調子がいい時は、たとえ孤独だったとしても、つらさは感じないものです。しかし、どん底にいる時は、誰かの励ましや支えが必要なのですが、周りに誰も理解者がいない孤独な人は、自分や他人を傷つけることで満たそうとしたり、中には自ら命を絶ってしまう人もいます。

私の場合は薬物に走り、自分自身を傷つけて、さらにどん底に落ちました。

そもそも薬物というものは、酒やタバコと同じように、ビリビリと痺《しび》れさせて、感覚を麻痺《まひ》させるものです。しかし、酒やタバコよりも、麻痺させる力は格段に強いため、孤独感や苦しみも、一時的に麻痺して分からなくなるのです。

人間は本来ならば、つらいことや苦しみがあっても、周りの人間や家族などの支えをもらって、自分の足で立ち上がらなければなりません。そして苦難を乗り越えて、人生の充実感を味わったとき、本当の意味で〝気持ちいい〟感覚を味わえるのです。

しかし、薬物をやって苦しみから逃れられた人間は、一時的に充実感を味わえます。その感覚を〝気持ちいい〟と勘違いしてしまうのです。

しかも充実感があるのは薬が効《き》いているその時だけで、時間がたてばその感覚はどんどん覚《さ》めていってしまいます。

そしてその充実感を持続させるためには、薬を打ち続けるしかないのです。

やがて人間の体はどんどん慣れていくので、量を増やさなければ効かなくなり、覚めるスピードも早くなるため、〝追い打ち〟をかけるスピードもどんどん早くなり、最終的に依存性までいってしまうのです。

これが私が考える薬物依存症のメカニズムなのですが、要するにみんな、寂しさを埋めるためだったり、充実感を求めるためだったり、そういう心理が根底にあるのです。

この章では、薬物依存症に限らず、様々な依存症についても触れていきますが、根底にある心理というのは共通しています。

現在、依存症で苦しんでいる人やそのご家族はもとより、これからの子育てにもぜひ役立てていただければ幸いです。

# 覚醒剤や薬物は効かない人間もいる

タバコや酒に合う合わないがあるように、覚醒剤《かくせいざい》などの薬物もみんながみんな効くわけではありません。

気持ちいいと感じる人もいれば、その逆に気持ち悪いと感じる人もいます。

これは体質や遺伝的なことも、もちろんあると思います。

しかし、一番関係するのはストレスです。

タバコや酒も、ストレスが高ければ高い時ほど、美味《おい》しいと感じたり、酔いが回ったりします。

薬物も同じで、心にストレスがかかった状態、たとえば愛情不足だったり、孤独感だったり、そういうものが高ければ高いほど、気持ちいいと感じ、どんどんハマっていってしまいます。

逆に、充実している人や心が豊かな人は、まず手を出さないでしょうし、やったとしても気持ちいいとは感じず、逆に気持ち悪いと感じます。

私の友人で会社を経営しているT君という人がいるのですが、その彼は昔から親子関係もよく、社交的で好奇心旺盛、人付き合いも上手なことから、現在、商売でも成功しているのですが、その彼から、私が非行に走っていた若かりし頃、こんな相談をされました。

「裕太郎、頼む、一回だけ人生経験のために、シャブってどんなものなのかやってみたいんだけど、いい？」

私の当時の友人の中で唯一の真面目《まじめ》な友達だったため、即座に断ったのですが、何度も懇願され、根負けし、一回だけという条件で彼の腕に注射をしたのです。

しかし驚いたことに、彼の場合は、気持ちいいという反応とは真逆の反応だったのです。体は重くなって怠《だる》くなり、数日間不眠状態に陥ったことから、もう二度とやりたくないというほどつらい経験だったようです。

このように、誰もが中毒に陥ってしまうわけではなく、気持ちいいと感じなければ、当然、酒やタバコと同じように、自分には合わないと感じる人もいるのです。

逆に、心に孤独感やストレスを抱えていたり、愛情不足で育った人ほど、自分を大事にできず、簡単に手を出し、常習化していくのです。

## 幻聴・幻覚は自分がつくり出す

私が中学三年でシンナーをやり始めた頃、初めて幻覚というものを見ました。シンナーを吸引すると、頭がボケていわゆるラリった状態になり、意識が飛ぶので、見る幻覚は基本、その人間が抱く妄想《もうそう》がつくり出す世界です。

おとぎ話に出てくるような小人と話をしたり、目の前にいる友達のことを全くの別人と勘違いしたり、シンナーを飲み物と間違えて飲もうとしたり、ラリった状態でいる限り、個人差はありますが、妄想による無茶苦茶な世界をつくり出します。

ただしシンナーの場合は、ラリった状態が長時間持続するわけではないので、吸うのをやめれば、ほとんどの場合は覚めてしまいます。

次に覚醒剤ですが、私が二十一～二十三歳の頃は常習で、特に二十三歳の終わり頃はひんぱんに幻聴幻覚に苛《さいな》まれていました。

そもそもこの頃は、二時間に一回注射しなければいけないほどひどい中毒症状だったため、食事も睡眠もまともに取っていない状態でしたから、現実と非現実の区別がつかない状況が多々あったと記憶しています。

しばしば、電柱が警察官に見えたり、バックミラーに映る後続車のヘッドライトがパトカーの赤色灯に見えたり、街を歩くと、どこからか「杉山！　待て！」という声が聞こえたり、常に警察やヤクザに追われているような感覚で逃げ回っていました。

自分が悪いことをしているという罪悪感や、警察にマークされているという強迫観念、誰かが自分を警察に密告するんじゃないかという被害妄想などが、そういった幻覚や幻聴をつくり出していたのです。

よく薬物中毒者が街中で包丁を振り回したり、暴れたりする事件が起きるのも、誰かに追われているという強迫観念や被害妄想から来る幻覚・幻聴によるもので、いずれも本人が勝手につくり出している妄想によるものです。

ほかにも、薬物の影響で部屋や車の中の掃除を病的にするようになり、ゴミの中に覚醒剤の結晶があるという幻覚を見て、ひたすらそれを狂ったように探して拾い集めたりもしました。

これらは、自信のなさや将来への不安、薬物にハマっている自分への不安などから来る現実逃避などが、勝手に幻覚をつくり出していたのだと思います。

## コントロール不能なら、SOSを出すしか道はない

幻覚・幻聴もひどくなり、コントロール不能状態になっていた二十三歳の頃、薬物の影響で睡眠も食事もまともに取らない日々が続き、体重も今よりも二十キロ以上痩《や》せて、いつ薬をやったのかすら分からない状態になっていました。

ある時、つい三十分ほど前に覚醒剤を体内に入れたにもかかわらず、それを忘れてさらに追い打ちをかけて注射してしまったのです。

その時、体内にはおそらく致死量と呼ばれる量が入っていたと思いますが、薬が体内に入ったとたん、心臓が止まりそうになり、泡《あわ》を吹いて失神してしまったのです。

場所は高速道路の路肩で、気づいたのは二時間後、友人からの電話ででした。

もうすでに自分ではコントロールできない状態になっていたことに恐怖を感じ、このままでは待っているのは〝死〟しかないと思うようになりました。

その後も二度、大きな事故を起こしかけて助かった出来事があったのですが、二度目の

時にダンプと正面衝突しかけた瞬間、とっさに「お母さん！」と絶叫したあと、車がスピンして運よくぶつからずにすんだという出来事がありました。

当時、疎遠になっていた母のことを叫んだ自分が恥ずかしくもありましたが、自分自身が相当弱っているということを自覚し、久しぶりに実家に戻ることにしました。

実家に戻って三ヵ月目のある日、私の帰宅を待ち構えていた父親と口論になり、親の目の前で覚醒剤を打つという行動に出た私。

それはまぎれもなくＳＯＳでした。

それをやれば、警察に通報されるかもしれない。それでもこのまま薬をやり続けるよりはいい。死ぬよりはマシと思っていました。

結果的に父親は号泣《ごうきゅう》し、「お前は大事な息子だ！　俺たちが絶対助けてやる！」と私を抱きしめてくれ、更生へのきっかけと勇気をもらうことができました。

今考えると私の場合、ＳＯＳを出す場所があったのはとても幸運なことでしたが、もしそういう場所がなかったのなら、薬物更生施設に頼ったり、警察に自首することもやむを得なかったと思っています。

コントロール不能になって命を落とすぐらいなら、薬物をやらなくてもすむ環境へ強制的に身を移すしか方法はありません。

## 震えの正体。禁断症状ではない？

薬物中毒の人間が、薬を目の前にしてガタガタと震《ふる》える様子を、テレビドラマなどで見た方もいるかも知れません。

いわゆる〝切れ目〟の時に〝ブツ〟を目の前にすると、体がガチガチ震えるわけです。

これは一般的に薬物による禁断症状といわれているのですが、当時、私も同じように、ガタガタと震えが止まらず、薬を体内に入れると震えが止まる、というのを経験していました。

これはまさに禁断症状だと思っていましたし、自分は〝ヤクチュウ〟なんだと思っていましたから、疑問にも思っていませんでした。

しかし、更生して今の活動をやっていく中で、冷静に当時を思い出しながら分析してみると、実はこれは薬物の切れ目で麻痺が解けて〝しらふ〟になった〝体〟が、

「やめてくれ、そんなもの体に入れないでくれ」

と怯《おび》えている状態の震えだということに気づいたのです。

薬物を目の前にして、「やってしまおう」と考えている〝脳ミソ〟に対して、〝体〟が怯えているのです。

要するに、『体は正直』とはまさにこのことなのです。

じゃあ、この震えを止めるにはどうすればいいか？

答えは簡単、頭で「もう俺は二度とやらない」と決めることができれば、体の震えは止まるのです。

しかし、薬物乱用者にとってはこれが難しい。

ほとんどの人間は、この震えを当時の私のように禁断症状だと思い込み、

「俺は中毒だから震えが出るんだ、この震えを止めるには薬をやるしかない、体に入れるしかない」

と思い込んでやってしまうから、なかなか中毒から抜け出せないのです。

体に入れて震えが止まるということは、薬物が体に入って、体が麻痺して、その恐ろしさが分からなくなっただけなのです。

もし体の訴えを素直にきくことができれば、誰でもやめることができるのですが、脳ミソが考える思い込みの思考や意識は、なかなか変えることができないのです。

## いつから自分を大事にできなくなったか、よくよく思い出す

薬物に手を出す人と、出さない人の違いは、自分を大事にしているか、そうでないかという違いだと私は思っています。

自分を大事にしている人は、自分に対する愛があります。

自分に対する愛があるということは、生い立ちの中で、親や家族、周囲の人間から愛情を受けてきたということです。

周囲からの愛を感じているから、自分も大事に生きようと思うのです。

しかし、自分を大事にしない人間というのは、自分への愛情が足りません。

ということは、生い立ちの中で、親や家族、周囲の人間から愛情を与えてもらえなかったなどの「愛情不足」の状態だということです。

誰にも愛されてないと思うから、自分のことも大事にしないのです。

しかし、ほとんどの人は生まれつき愛を知らないわけではなく、生まれてからどこかの

時点で、自分を大事にできなくなった出来事やトラウマがあるはずです。

私の場合は、優等生を求められた小学生時代から中学生になり、親の敷いたレールに反発して優等生ではなくなったことで、親の態度が豹変《ひょうへん》したと感じた時、

「優等生じゃない俺なんか愛されないんだ」

と思うようになり、それがきっかけで自分のことが大事にできなくなり、だんだん自暴自棄になっていきました。

自分のことを大事にできる人は、人のことも大事にできます。

逆に自分のことを大事にできない人は、人のことも大事にできません。

薬物をやるやらないにかかわらず、自分のことを大事にできていないと思う人は、ぜひ何がきっかけでそうなってしまったのかをよくよく思い出し、自己分析して、その傷ついた自分と向き合ってほしいと思います。

そして、「自分が自分自身の一番のミカタになる」項（一〇九頁）を参考にしながら、自分自身を一人二役で励ましてあげてください。

そうすることで徐々に苦しみから解放され、自分を大事にできるようになってくるはずです。

## 依存性は一生治らないなんてありえない

数年前、埼玉県のとある市で、テレビでも有名なあの○○先生と私の二本立ての講演会があり、マネージャーである妻とともに楽屋にあいさつに行きました。

テレビでは弱者の味方となり、子供たちのSOSを受け止める心の広い先生のイメージがあったので、同業者となった今の私の大先輩として、きっとアドバイスや激励をくださるだろうという期待を胸に扉《とびら》を開《あ》けたのです。

すると、初対面の私の顔を見て一言、

「お~今日はよく来れたなぁ。俺はヘロヘロで来ると思ったよ」

という見下したような一言。

私も妻も唖《あ》然《ぜん》として言葉が出ませんでした。

その言葉の裏には、

『依存症になった者は一生治らない』

という医学に基づいた理論があったからです。

事前に私の自叙伝を読んでいたその先生が、私の過去を知り、その理論に基づいて出た言葉がそれだったのです。

正直、世の中のそういう理論は、あくまでも当事者や経験者という見地でなく、医学的に診察治療をした第三者によるものであるために、危険な理論となってしまうことがあるのです。

その『一生治らない』という言葉を〝抑止力〟としてとらえる者もいれば、希望を失い、マインドコントロールされ、二度と抜け出せない谷底に突き落とされるように感じる者もいるのです。

経験者の私が断言できるのは、

『一生治らないなんてありえない＝必ず治る』

ということです。

# 一生治らないと言って得をする人たち

「あなたは依存症という病気です。その病気は一生治りませんが、回復は可能です」と、薬物依存者に対して断言している人たちがいます。

その根拠は医学で証明されているからだそうです。

また、薬物中毒までは治るけど、薬物依存症までいくと、治らないそうです。

ちなみに立ち直れた私は、薬物中毒までで止まったからだといわれたこともあります。

当時は一日十回、二時間おきにやっていた私ですが、中毒と依存症の境目の線引きはとても曖昧《あいまい》です。しかもこの根拠となるデータは、医者にかからなければいけないほど重度の患者を診察した統計学によるものです。

しかし、病院にかからなければいけない薬物乱用者はごく一握りしかいません。

私が知る限り、自分も含め、覚醒剤中毒を越えて依存といわれるほど乱用していた人間でも、更生し、今は全く薬物と縁のない生活を送っている人間が大半です。

現状、一部の薬物更生施設などでは、

「あなたは一生治らない。だから同じ仲間たちと励まし合って、一日一日、今日はやらなかった、を積み重ねていこう」

と生きる道を勧めています。

もちろん、そういう時期も必要ですが、ずっとそこにいてはいけないのです。

毎日毎日薬物を意識させられて、勝てる人間などいません。

本当に薬物依存に勝つには、なぜ薬物に走ってしまったのか、その原因と向き合い、新たな夢や目標を見つけ、薬物とは無縁の遠く離れた環境に身を置くから、薬物などと言うつまらないものをやらなくてすむようになるのです。

ですから、〝一生治らない〟と言われたことによって洗脳され、再犯し、また刑務所や薬物更生施設に逆戻りしてしまうことも少なくありません。

そしてそういった施設では、月十五～二十万の入所料を徴収し、利用者がいなければ成り立たないという矛盾《むじゅん》や、支払い能力がない人間が大半のため、生活保護を受けさせたりして入所料を払わせている団体もあります。

今まで、そういった団体に搾取《さくしゅ》された人たちから相談を受けた経験もあって、一生治らないと言って得をするのは一体誰なのか考えさせられます。

## 愛に目覚めれば、気持ちよくなくなる

私が更生するきっかけとなった父親との和解の夜から、薬物に対する感じ方が変わりました。

それまでは教育熱心な親に対する反発から、薬物をやればやるほど親を困らせている感覚になり、「ざまあみろ」と思えば思うほど〝気持ちいい〟という錯覚《さっかく》を起こしていました。

しかし、親に愛されていることに気づいてからは、「お前はまだ親を苦しめるのか？」という自責の念にかられるようになり、気持ちいいというよりも、だるいというか息苦しいというか、とにかく気持ちよくない感覚になったのです。

そうすると、当然、気持ちよく感じないわけですから、前のようにひんぱんにはやらなくなりましたが、それでも気持ちよかった時のことが忘れられず、しばらく我慢していても、また手を出してしまうのです。

でもやってしまうとやはり気持ちよくないし、また後悔して自責の念にかられてしまうという繰り返し。

一ヵ月我慢して、三ヵ月我慢して、半年我慢して、結局、毎回手を出すたびに、死にたくなるほどの後悔を繰り返し、最終的には薬物を完全に絶つことができました。

要するに、人間は愛情に目覚めると、薬物に対する感じ方が変わるのです。

おそらく、これは酒でもタバコでも同じで、きっと美味《おい》しく感じなくなるのです。

少なくとも私はそうでした。

気持ちよくなければ誰でもやめられます。

気持ちいいと感じるからやってしまうのです。

それだけ愛の力は強いということです。

特に親の愛情のパワーはすごいということです。

## 環境を変えて目標を見つける

私がまず更生を決意した時、親がいる実家で暮らすこともちろん考えましたが、薬物をやっている友人や暴力団関係者が私の家を知っていたため、携帯電話の番号を変えて地元を離れ、パチンコ店に住み込みで働きました。

しかし、心が落ち着かず店を転々とし、結局、数回薬に手を出してしまったため、まずいと思い一年ほどたってほとぼりが冷《さ》めてから実家に戻りました。

そして、有線放送の会社に就職しました。

その頃から付き合う人も、普通の昼間の世界の人間に変わり、実家にいたこともあって心も落ち着いてきました。

さらに、その有線の会社で出会った後輩の勧めで大学受験をしました。

そこでまた全国から来ている七歳年下の同級生たちとの出会いがあり、その仲間たちと一緒に勉学に励みました。

もちろん、最初は大学受験を考えただけで「俺なんかが大学に行っていいのか」とか、自己否定の気持ちになったり、大学入学後も薬物の影響による鬱《うつ》との戦いもありましたが、昔の友人関係との付き合いは一切断ち切り、教員免許取得や宅建免許取得など勉強に集中し、ジムで体を鍛《きた》え、健康を取り戻し、薬物とは無縁の生活を過ごしました。

そして、夢を追いかけて上京したのです。

東京では私を知る者など誰もいません。

ただがむしゃらに生活や夢のために頑張《がんば》り、過去を振り返る暇《ひま》などありませんでした。

ようやく、今の活動にたどり着き、自分自身と深く向き合うことで、世の中のためになるメッセージも発信できるようになりました。

環境を変えることは重要です。

環境を変えて薬物とは無縁の世界に身を置くことで、自分自身が変わります。

まずは、無理矢理にでも環境を変えなければ、変わることなどできないと私は思っています。

薬物が手に入る環境に身を置いていれば、きっとまたやってしまう。

自信が持てないうちは、逃げていいのです。

自信が持てるようになれば、薬物などというつまらないものに手を出して、今まで積み上げてきたものを台なしにすることなどできなくなるのです。

# 人に依存すると、自分の足で立てなくなる

恋人や配偶者、家族など、愛する人との別れはつらいものです。

私も愛する人との突然の別れを経験しました。

孤独感と絶望感に苛まれ、何もやる気が起きなくなり、酒に溺《おぼ》れ、毎日がつらく苦しい感情に支配されて、なかなか立ち直ることができませんでした。

人間はショックな出来事があると、胃のあたりにドーンという衝撃が走って、全身の血の気が引きますよね。

その状態が寝ても覚めてもずっと続くのです。

そして、その状態から逃れたいがために、やがては死にたくなるのです。

生まれて初めての経験でした。

薬物に溺れてどん底にいた二十代の頃のどん底よりも、何十倍もの衝撃を受けました。

幸いにも両親に助けられ、しばらく実家にて静養しながら生きる希望を取り戻しました

が、立ち直るには相当の時間を要しました。

立ち直りの中で、胃のあたりが締め付けられる痛みについて、その正体を自分なりにずっと考えていたのですが、この胸の痛みや絶望感は、実はその相手の存在に依存しすぎていたからこそ起きているものなんだと気づいたのです。

相手の存在に甘えすぎていて、相手がいなくなったとたんに自分一人では立てなくなっていた私。

その時は正直地獄でしたが、この依存と胸の痛みのメカニズムに気づいてからは、なんとか自分の夢や本来やるべきこと、そして自分の生活を立て直すことに全力を尽くし、自分で自分を励まし続けることで、自信を少しずつ取り戻しました。

依存というと、アルコールや薬物、ギャンブルなどを思い浮かべる人も多いと思いますが、人への依存は、実は気づかないうちにかかっている場合が多いのです。

また、人への依存体質の人は、ほかに依存できるパートナーを見つけると、すぐに立ち直れたりするものです。

しかし、それは自分の足で立っているのではなく、パートナーと依存し合うことで立っているように見えるだけ。

依存し合った関係では、いつか破綻《はたん》してしまうでしょう。

# 酒なら大丈夫はウソ

大人になったら酒を飲む。

社会人になったら酒の付き合い。

酒は少しぐらいなら体にいい。

などなど、酒なら大丈夫という常識が日本ではまかり通っています。

しかし最近では、酒に酔って喧嘩《けんか》や不倫、飲酒運転の交通事故などで人生を棒に振る芸能人や政治家、教師や一般人などのニュースも非常に増えました。

それればかりか、飲酒が原因で、癌《がん》や糖尿病、肝硬変などの生活習慣病で命を落とす人があとを絶たないなど、たくさんの失敗事例があるにもかかわらず、〝酒なら大丈夫〟という常識が我々の中には根強く残っています。

正常な判断力をなくさせ、死に至らしめるアルコールという薬物が、合法というだけで大丈夫というのは、あまりにも危険な理論です。

私自身もお酒はほどほどに嗜《たしな》みますが、今まで喧嘩や忘れ物などの失敗はたくさんしていますし、逆に一年間禁酒した時は、体も引き締まり、健康診断の数値もすこぶるよくなったので、本音はやめたいのです。

しかし、友人と会う時や仕事上の付き合いがあって、ついつい流されてしまっているのが現状です。

それに本当は、覚醒剤もタバコも酒も、度合いは違えど、麻痺させることについて言えば、変わらない〝ボケモノ〟の一種なのですから、合法だからといって、無理に飲む必要は全くもってないと思います。

一昔前は一気飲みで亡くなる事故も多かったですし、飲酒運転が当たり前の時代もありましたが、今はアルコールハラスメントなどが叫ばれるようになったり、飲酒事故の厳罰化など、世の中的には少しずつ良い方向に進んでいると思います。

酒なら大丈夫。

という言葉に惑わされず、ぜひこれを機に、付き合い方を考えてみて欲しいと思います。

私ももちろん皆さんと一緒に考えます。

# やけ酒を飲んでも、夢や目標から遠ざかるだけ

お酒が好きな人は、何か嫌なことがあったり、ストレスがかかかると、ついついお酒で発散したくなると思います。

もちろん、お酒は感覚を麻痺をさせるものですから、嫌なことやつらいこと、ストレスなどから一時的に逃れさせてくれます。

しかし問題なのは、あくまでも〝一時的に現実逃避できるだけ〟ということです。

いくらやけ酒を飲んでその時は発散できたとしても、次の日になったら、気分が悪いだけでなんの解決もしていません。むしろ二日酔いなどで体がしんどいと、精神的にもネガティブになって、ストレスが増大していたりします。

そして一番重要なことなのですが、麻痺するのは疲れやストレスだけでなく、向上心や情熱や本当にやりたいことまでも、麻痺させてボヤけさせてしまうということです。

ということは、夢や目標からもその分遠ざかるということになります。

そして、「少しくらいなら」と妥協《だきょう》を重ねていくと、どんどん夢からは遠くなり、どこかで「まあ、いっか」とあきらめてしまうのです。

もちろん、やけ酒を飲んでストレスを発散し、また頑張ろう、という人もいるかも知れませんが、そういう人は、本当はやりたくないことを我慢して頑張るために、その感覚を麻痺させていることが多いのです。

たとえば、一般的に、本当にやりたい仕事に就《つ》ける人は、ほんの一握りといわれていますが、世の中の大半の人たちは、やりたくない仕事でも、生活のためだったり、家族のためだったり、家のローンのためだったりして、我慢して頑張っている人が多いと思います。

当然、本当はやりたくない仕事なのに、毎日満員電車に乗って通勤したり、嫌な上司に気を遣《つか》ったりしなければならないとなると、大変なストレスを感じるはずです。

そこでそういった自分の本音《ほんね》をお酒で麻痺させることによって、やりたくないことでも頑張ることができるのなら、酒くらいいいじゃないか、となるわけです。

それが結果として、生活や家族を守ることにつながることになるのなら、酒も必要なのかも知れませんが、自分を押し殺し続けて、やけ酒でごまかそうとしても、むしろ結局ストレスはさらに大きくなり、病気になったり、爆発したりして、どこかにひずみが来ます。

そうなると、夢や目標どころか、自分が何をやりたかったのかさえ見えなくなるのです。

# 禁酒のメリット

私の場合、晩酌《ばんしゃく》はせず、お酒は一～二週間に一度の付き合い程度だったのですが、つまみを食べながらでないと飲めないタイプなので、やはり飲んだ次の日にはお腹もたるんで一キロくらい太っていたのです。

ですから、年末年始などの飲み会が多い日が続くと、瞬《またた》く間に太ってしまい、その体をもとに戻すためにジムで頑張らなきゃいけないわけです。

しかし、いいかげんその作業が無駄に思えてならなくなり、お酒をやめてみようと決心し、一年間の禁酒を実行したのです。

私が一年禁酒をしてみて、禁酒をしたことのメリットはたくさんあったのですが、それについて箇条書きで書きたいと思います。

・精神が安定し、いつもポジティブでネガティブにならない。

・問題と思っていたことが問題だと思わなくなった。

・目覚めがよい。元気。顔色がいいといわれる。
・体が軽くなり、とにかく走りたい。
・視力が少しよくなった。
・体が柔らかくなった（前屈ができるようになった）。
・酒を飲んでる人を見ると、中毒に見えるようになった（笑）。
・歌唱力がアップした（楽に声が出せる）。
・ギターをひく指が前より滑《なめ》らかに動くようになった。
・糖質制限などせず、普通に食べても体が引き締まった。
・娘に臭いって言われなくなった（口臭、体臭）。
・辛《から》い食べ物が前より食べられるようになり、食事を楽しめる幅が増えた。
・長くお風呂に浸《つ》かれるようになり、お風呂の気持ちよさが増した。
・飲み会で送迎してあげると、みんなに感謝された。
などなど、これ以外にもたくさんあります。

見ていただいて分かるように、心身ともに健康になるということは、病気とは無縁になり、長生きできるということです。

ぜひ禁酒を試していただくことをおすすめします。

## 禁酒の方法①　～酒はまずいもの～

お酒をやめたいと思っている方に、私が一年間禁酒した時のやり方をお教えしたいと思います。

まずお酒をやめるには、しばらく時間をかけてアルコールを体内から出さなければなりません。

なぜなら、アルコールが体内に入っていると、またアルコールを体が呼んでしまうからです。

通常、完全に体からアルコールが抜けるには、最低三ヵ月ほどかかるといわれており、体からアルコールが抜けることで、お酒で酔うという感覚をイメージしにくくなります。

「いやその三ヵ月が厳しいんですけど……」

という声が聞こえてきそうですが、その通りなんです（笑）。

その三ヵ月を過ぎてしまえば、逆にアルコールを飲むことに抵抗感が出てきますので、禁酒は楽になってくると思います。

じゃあ、どうやってその三ヵ月禁酒を達成するのか。

まず、「お酒は美味しいもの」という認識を、「お酒はまずいもの」という認識に変えなければなりません。

というか、味だけで言えば、ビールは苦いし、ワインは渋いし、日本酒は辛いわけで、決して美味《おい》しいものではありません。

試しにそれぞれ口に含んで飲み込まずに吐き出してみて下さい。

きっとまずい味だけが口の中に残ると思います。

アルコールのカーッと来るような酔う感覚があって初めて美味しいという錯覚を起こさせるだけで、アルコールが入ってなければ、まずいものなのです。

そして酔ってどんどん感覚が麻痺してくると、味も分からなくなり、水のように飲んで酔っ払い、健康を害したり、問題を起こしたりしてしまうのです。

ちなみに私の場合は、ビールはノンアルコールビール、ワインは果汁一〇〇％無糖のジュース、日本酒は米こうじの甘酒などに置き換えて、お酒より美味しく問題なく過ごせました。

もちろん、無理に置き換える必要はありませんが、まずは、お酒は美味しいものではなく、まずいものだという認識に意識を改革することから始めて下さい。

## 禁酒の方法② 〜酒飲みは全員中毒〜

次に、酒を飲んでいる人間は、全員中毒だと思うようにしましょう。レストランなどに行ってお酒を飲んでいる人を見かけたら、全員中毒だと思うようにしてください。

決して聞こえるように「あの人中毒だ」とは言わないように（笑）。

もし飲み会に参加しても、内緒で店員にノンアルコールビールを頼んだり、炭酸水にレモンを絞った飲み物をレモン酎ハイに見立てたりして、あくまでも周囲には自分も酒を飲んでるように見せかけ、お酒を飲んでる中毒の人たちを観察しましょう。

きっとビールを何リットルも飲んだり、性格が急に変わったり、目つきが変わってろれつが回らなくなったり、足元がふらついたり、シラフの自分にはありえない中毒症状が見えてきます。

そもそもシラフの自分は、ノンアルコールビールなどの炭酸を何リットルも飲むことはできませんし、みんなお酒で感覚が麻痺しておかしくなっているのがわかると思います。

そしてシラフの自分は、その中毒患者がいる空間で、酔ったふりをして陽気に振る舞ってみるのです。

もちろん、飲みたくなると思いますが、まずは我慢して、酔っている気持ちになってみてください。

そうやってお酒を飲まなくても飲み会が楽しめるようになれば、お酒を飲む必要はなくなります。

そして、車で飲み会に参加して、車で帰るのです。

さらに家へ送り届けてあげたりすると、みんなに感謝されます。

そして次の日、同僚が二日酔いで冴《さ》えない顔をしていても、

「中毒の人たちはかわいそうだな」

と心の中で思いながら、自分は目覚めもよくポジティブな朝を迎えて健康でいればいいのです。

「酒飲みは全員中毒だ、だから俺はその仲間入りはしない」

と心に決め、意識改革をしてみてください。

# 禁酒の方法③　～血流をよくする～

これは薬物をやめる時にやり始めたことなのですが、薬物にしろ、お酒にしろ、つらいことやストレスがある時に、現実逃避の手段としてやりたくなってしまうわけで、そういう時は単純に体を動かして血流をよくすることでストレスを解消し、ポジティブになる習慣を身につけるのです。

まずはお酒を飲みたいと頭で考えてしまった時に、三回大きく深呼吸したあと、体を動かして血流をよくすることを考えてください。

ジョギングでもいいですし、私の場合はトレーニングジムに通い始めました。

単純に今まで酒を飲みに行っていた時間を、ジム通いに当てるのです。

そもそもお酒を飲むと一時的に血流がよくなりますが、これはアルコールという毒物が体内に入ってきて、それを体から出そうとする防衛反応から鼓動が速くなって血流がよくなっているだけで、決して健康的な意味の血流のよさではないのです。

ですから当然、飲み過ぎれば体は悲鳴をあげますし、夜中寝てる間もアルコールを体外に出そうとして臓器に負担をかけ、病気を引き起こしたりしてしまうのです。

トレーニングジムに行って汗を流し、血流をよくすれば、もちろん健康によいですし、アンチエイジングにもなりますし、夜もよく休めて眠れます。

他人が酒を飲んで不健康でネガティブになっている間に、自分は健康な体とポジティブな精神を手に入れましょう。

一ヵ月の飲み代を考えたら、月一万円のジム通いをして健康が手に入ったら、こんな嬉《うれ》しいことはないと思います。

# 百害あって一利もないタバコ

タバコは百害あって一利なしといわれますが、本当に百害あって一利もありません。

まずそもそも考えてみてください。

葉っぱを燃やしたその煙を吸っているんです。

たとえば焼き芋《いも》の煙を思い出してください。

近づくとかなり煙いですよね。

それと似たようなものを吸っているのです。

私が初めてタバコを吸ったのは中一の頃ですが、L&Mという当時二百円のタバコを自販機で買って神社の裏に行き、百円ライターで恐る恐る火をつけて吸いました。

最初吸った時は、あまりのまずさにゴホゴホとせき込みながら、

「苦《にが》いし渋いしなんじゃこれ！」

と、叫んだのを覚えています。

当時父親も吸っていたので、大人はこんなもんが美味しいのかと不思議で仕方なかった

です。

その後、頭がクラクラとして目の前がチカチカしたのも覚えています。

今考えれば、そのクラクラやチカチカは、麻痺をさせる作用ですから、当然、喫煙者はストレスや緊張を麻痺させるために吸ってるのです。

しかし、すぐに体は慣れてしまい、クラクラやチカチカというのを感じるのはほとんどなくなります。

常習で吸っている人が三日から一週間ぐらい我慢すれば、その最初の一服は感じるかもしれませんが、それきりです。

あとはもう中毒のように、麻痺が解ければまた吸うというのを繰り返すのです。

一度吸い始めると癖《くせ》になってしまうのがタバコだと思います。

そうなると、なかなかやめることはできません。

私の場合も、歌を歌ったり、人前で話したり、喉《のど》が商売道具ですから、当然やめたほうがいいにも関わらず、もらいタバコをしたりしてなかなかやめられませんでした。

今、タバコをやめてみて思うのは、まず吸ってる人間の体臭や口臭の臭いこと。

吸っている時は鼻が麻痺してやられていて気づきませんが、非喫煙者からすれば、かなり臭いです。

やめればそれだけ鼻が利《き》くようになります。

鼻が利くようになれば、味も敏感になり、ご飯が美味しいです。

よく喫煙者の料理人が作る料理は塩辛いのもそのためです。

舌が鈍感になっているので、味が濃くなってしまうのです。

それに喫煙者は、唇が紫だったり、黒っぽかったりします。

血行が悪くなっているのです。

当然やめれば顔色もよくなり、肌つやもよくなります。

僕の場合はタバコを吸い始めると、日焼けがすぐシミになります。

タバコを吸うと毛穴が開いて乾燥し、老化が早まるらしいです。

いいことなんかなにもありません。

「いやーでもタバコを吸うとリラックスできるんですよ」

という声が聞こえてきそうですが、本当にリラックスできているのでしょうか？

タバコを吸ったせいで、時間がたつとイライラするわけですから、リラックスできているとは言えず、逆にストレスを増大させているのです。

またこれは当然のことですが、肺気腫や肺がんなどの生活習慣病へのリスクは当然高いわけですから、命を大切にするのであれば、やめる以外の選択肢はありません。

# タバコの代わりに深呼吸

私は現在はタバコは吸いません。

仕事上、普段からできるだけ喉に負担をかけない生活を心がけています。

しかし、昔は一日二箱のヘビースモーカーでしたので、常に痰《たん》が絡《から》んだり、咳払《せきばら》いをしたりして、しょっちゅう喉を痛めていました。

体のことも考えて禁煙にも取り組むのですが、一～二ヵ月やめたとしてもまた吸い始めたりして、一度吸い始めてしまうと、その中毒症状から抜けられず、タバコを買わないようにしたり、持たないようにしても、ついもらいタバコをしてしまったりして、なかなかやめられませんでした。

しかしある時に、タバコを実際に吸わないで、タバコを吸う真似をしてみたのです。

すると、まずおっぱいを吸うようにタバコを吸い、その後、深呼吸をしますよね（笑）。

実際との違いは、おっぱいじゃないことと、白い煙が出ないこと。

タバコを吸っている人を観察してみてください。

白い煙を深く吸い込み、そして白い煙が見えなくなるまで、鼻や口からすべて吐き出しますよね。

つまり、喫煙している人は、知らず知らずのうちに深呼吸をしているのです。

じゃあ、喫煙してない人はどうかと言うと、ストレスが溜《た》まったり、イライラしたり、休憩をする時には、やはり深呼吸をしますよね。

ということは、タバコを吸っている人と同じぐらい深い呼吸をすれば、ある程度ストレスやイライラは、抑えられるのではないかと考えたのです。

しかもタバコを吸っている人は、一本吸い終えるまでに十回以上は吸うため、それと同じように、何度も何度も深呼吸をしてみたのです。

するとストレスで強張《こわば》った体が、ある程度リラックスできることがわかりました。

もちろん、タバコのように麻痺させる力はありませんが、タバコの代わりになるべく外のいい空気で深呼吸するようにすれば、体にもいいですし、頭の回転がよくなって、仕事や勉強の能率も上がります。

## どんな時に吸いたくなるか考える

とはいっても、深呼吸したくらいでは禁煙などとうていできない、と思う人も多いと思います。

そもそもタバコを吸いたくなる心理状態というのは、どのようなものでしょうか？

もちろん、ニコチンによる依存ということもあるため、とにかくクセになってしまっているということが一番大きいと思うのですが、どういう時に吸いたくなるのかを、自分でよく観察する必要があります。

なぜなら、あなたの心の中のことは、あなたしか分からないからです。

私の場合は、仕事など何らかのストレスを感じた時に吸いたくなったり、苦手な人や場面に出くわした時の緊張などが原因でした。

つまり、何かをやろうとした時に、うまく対処できるか不安を感じて吸いたくなっていたのです。

タバコを吸うことで、心の不安を麻痺させて、紛《まぎ》らわせようとしていたのです。

しかし、タバコを吸うことでその不安がなくなるのかというと、余計に不安は増大するのです。

これはお酒や薬物にも共通していることですが、ちょっと嫌《いや》なことがあると、すぐにタバコに逃げるというクセは、物事に対応する自信を失います。

自信を失うということは、余計に不安になるということです。

タバコに逃げずにそのストレスと向き合うことで、その物事自体をストレスと感じなくなるということが、本当の意味で不安を解消するということなのです。

ですから、なぜその物事をストレスと感じるのか？　という自分への問いかけから、自分の心の声を聞き出し、対処してあげる必要があるのです。

そのほか、タバコをガムやミントタブレット、禁煙補助剤などに置き換えるなどのやり方もあるかと思います。

自分に合った工夫をしながら、ぜひタバコの呪縛《じゅばく》から解き放たれることを願っています。

# ギャンブルするなら人生を賭けろ

ギャンブル依存症、買い物依存症、セックス依存症など、行動することに依存する病気があります。

これらにかかる人は、つらいことやストレスから現実逃避するためにハマってしまったり、それらをやることの快感が忘れられず、借金をしたり、家庭崩壊をさせてまでやり続けるという特徴があります。

当然、自分の力でやめられなくなってしまった場合は、専門機関にかかるなどの治療が必要になりますが、なにが原因でそうなってしまったのか、つらさやストレスの原因はなんなのか、どういう時にやりたくなってしまうのかなど、自分で自分のことを分析するところから始めなければ、克服《こくふく》することは難しいと思います。

私もギャンブルに関しては、若い頃、依存状態にあったことがあります。

その頃の私は、非行に走り、前向きな夢もなく、お金さえあればいいという感覚でした。毎日のように朝から晩までパチンコやスロットにハマり、それで儲《もう》かったお金で酒を飲んだり、女性と遊びまくったり、いい思いをすればするほど、その快感が忘れられず、どんどんお金をつぎ込んでハマっていきました。

ただ私の場合は幸いにも、パチンコやスロットをかなり研究していましたから、トータルで考えてもかなりの額を儲けていましたので、借金をしたり云々《うんぬん》ということはありませんでしたが、もし負けていたとしたら、自分も金銭的に破綻していたと思います。

でも今の私は、夢があって上京し、成功を夢見て日々努力の毎日を送っているわけで、ある意味人生のギャンブルをしているようなものです。

そうなると、日々の生活費やお金や時間は貴重です。

パチンコやスロットなど、ギャンブルにお金と時間を使う気も起きなくなりました。

やりたいことをやるというのは必ずリスクが伴います。

そのリスクと戦いながら人生を賭けているわけですから、要するに余分なリスクは背負い込めなくなるということです。

今、依存症まではいかなくとも、人生を持て余してギャンブルに時間とお金をつぎ込んでいる皆さんには、ぜひ一度きりの人生をかけて、夢に挑戦してもらいたいと思います。

## 歯だけは大事にしないと後悔する

タバコ、酒、薬物……。

依存症についていろいろと書いてきましたが、これらをすべて経験して今思うのは、歯が残っていてよかったなぁということです。

歯というのは、若い頃はあまりありがたみが分かりません。

当然、歯は消耗品ですから、若い頃はまだ本数もありますし、歯も丈夫なので、硬いものでもバンバン食べれるでしょう。

でも年を重ねるごとに、虫歯で歯を抜いたりして本数が減っていったり、歯茎《はぐき》が衰えてきて、固いものが食べられなくなったりしてしまいます。

人間は、ご飯を食べないと生きていけないわけですから、口から食べるものを細かく砕いて飲み込むための歯の役割はとても大切です。

しかし、タバコ、酒、薬物などは、感覚を麻痺させるものですから、仮に虫歯になっていても、痛みに鈍感になり、気づいた時には治療不可能になって、抜くしかない状況になってしまったりします。

現に私が薬物をやめて更生した時、ついでに禁煙もしたのですが、今まで虫歯だったところが痛み始め、歯の治療に行った歯医者さんに、

「よく今までこんなになるまで放っておけたね」

と驚かれましたし、何本かの歯がその時の治療でなくなりました。

またタバコ、酒、薬物などは、歯を溶かしてしまうものでもあります。

あなたの周りにも歯が黒ずんで溶けていたり、若くして歯が抜け落ちている人がいるでしょう。

そういう方はヘビースモーカーや、アル中の場合が多いです。

人生はどんなものでも、失ってみてその大切さに気づくものです。

でも、歯だけは失ったら二度と生《は》えてきませんので、若いうちからきちんと歯磨きをして、大切に扱ってあげてほしいなと思います。

# 第2章

# 生まれながらの悪人は一人もいない

## 生まれながらの悪人は一人もいない

生まれたての赤ちゃんの純真無垢《むく》な笑顔。想像してみてください。

思わず顔がにやけてしまいますよね。

私にも幼い娘が二人います。

二人とも出産に立ち会いました。

上の娘の時は四〇〇〇グラム近い大きな赤ちゃんだったので、病院に入院してから出産まで二十六時間もかかりました。

妻は夜通しの陣痛で意識朦朧《もうろう》としている中、腰をさする私の腕も痺《しび》れてすでに感覚がなくなっていました。

「通常分娩《ぶんべん》が無理な場合は、すぐに帝王切開に切り替えます」

と医師に言われていましたが、私はどうしていいか分からず、とにかく心配でオロオロするばかり。

そんな中でようやく生まれてきた我が子の産声《うぶごえ》を初めて聞いた時は、そのけたたましくひびき渡る元気な声とともに、涙がぶわーと溢《あふ》れました。

そして我が子を初めて腕に抱いた時の感動は、今でもはっきり覚えています。

まさに〝天使〟という言葉がふさわしい。

「人間ってこんなにも可愛《かわい》く生まれてくるんだ」

ということに改めて気づかせてもらった瞬間でした。

私もあなたも、あそこを歩いている中年のおじさんも、誰しも天使のように生まれてきたのです。

生まれながらの〝悪人〟など一人もいない。いるわけがないのです。

それなのに世の中には、そんな生まれたばかりの子供を虐待《ぎゃくたい》して殺したり、とても人間とは思えない悪魔のような所業を繰り返す悪人もいます。

生まれた時はみんな天使なのに、なぜなんでしょう？

生まれつきのサイコパスだ、という説もありますが、ほとんどの場合、悪人になってしまうのは生《お》い立《た》ちや家庭環境など、生まれてから〝後〟のことです。

ということは、悪人をつくらないようにすることも、もちろん可能。

人間の未来は、良くも悪くも、人間次第で変えられるということなのです。

# 言葉が分からない赤ちゃんにも、分かるものとして接する

人間は言葉を話すようになるまで時間がかかる生き物です。

ですから、子供が小さいうちは、物事を噛《か》み砕いて、子供用の言葉で分かりやすく話すようにすると思います。

では、言葉が分からないからといって、子供の目の前でその子の悪口を言ったらどうなるでしょう。

まだ言葉が分からないから、言ったって意味なんかわかんないよ、と思うのが普通だと思いますが、人間には心で言葉を聞く能力が生まれつきあるのです。

特に赤ん坊や子供は、心も感情もむき出しの状態です。

ですから、パパやママ、目の前にいる大人の感情をなんとなく感覚で読み取ってしまうのです。

これは実際に私が相談を受けた人の話ですが、育児疲れで、はちきれんばかりのストレ

スを抱えていたお母さんが、人と会うごとにその子の愚痴をいっていました。

ママ友と会っても、

「オタクの子は聞き分けが良くていいわね。この子ったら夜泣きはひどいし、ちょっとしたことですぐぐずるから、私の手には負えないのよ」

とその子の目の前で、他人の子と比較をしながらいい続けていたそうです。

すると、その子はますますぐずり始め、言うことを聞かない子になりました。

次第に言葉の発達も遅れ始め、やがて勉強にもついていけなくなり、中学になる頃には非行に走り始めたそうです。

すると、ますますそのお母さんはその子のことが理解できなくなり見放した結果、本当に自分の手には負えない子供になり、少年院に入ってしまいました。

ぐずるというのは赤ちゃんのサインであり、言葉です。

その言葉を聞き取る努力をしてもらえず、親に人格を否定されれば、子供の心は傷つきます。

赤ん坊の頃から、言葉がわかる一人の人間として接していけば、心がきちんと育ちます。

親がかけた言葉通りにしか子供は成長しないのです。

# 親不孝をすると子供にも同じことをされる

私の田舎《いなか》の岐阜で、実際にあった話です。

ある男性が二階建ての家を新築しました。

一階には自分と妻と息子が住み、二階には足の悪い自分の母親を住まわせました。

嫁と姑《しゅうと》の仲が悪かったため、自分の母親には二階に住んでもらい、あまり顔を合わせなくてもいいように、二階の天井に滑車《かっしゃ》をつけて、一階から洗濯物やご飯を運んだりしていました。

しかし、しばらくして高齢だった母親は亡くなってしまったので、もう使わなくなった滑車を外《はず》そうとしていた時のことです。

「お父さん、将来、僕も使わなきゃいけないから、まだ外さなくていいよ」

と息子に言われてしまったのです。

その時、男性はハッとしました。

息子が悪気なく言ったその言葉によって、自分が親不孝をしていたことに気づかされました。

足が悪い母親を二階に住ませたこと。

自分で持って行かずめんどくさがって、滑車を使って邪険《じゃけん》に扱っていたこと。

それを見ていた息子は、それを悪いこととも思わず、自分もそうすればいいんだと素直に学習したのです。

親不孝をすれば必ず自分の子供にもやられます。

逆に親孝行をしているあなたの姿も、子供はきちんと見ています。

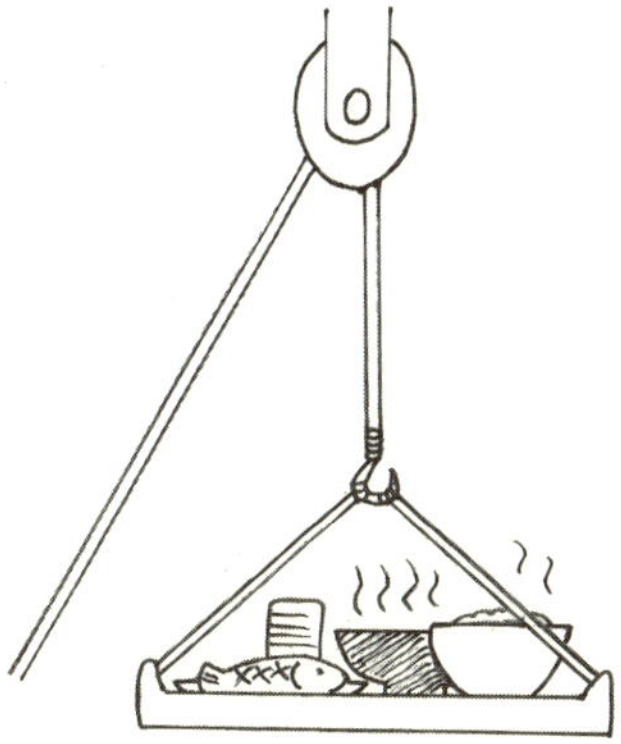

# 抱きしめるとは心ごと抱きしめるということ

私は職業柄、今まで多くの非行相談や悩み相談を受けてきました。

数年前、とある町の講演会場で、私の講演を聞き終わったお母さんから、子育てに関する相談を受けました。

「うちの子、最近全然話をしてくれないのです。

夜遊びもひんぱんで何をしてるかとても心配なんです。

杉山さんのお父さんのように抱きしめれば、親の愛情って伝わるんでしょうか？」


確かに何もしないよりは伝わると思います。

しかし、「抱きしめれば分かってくれるだろう」は間違いです。

わざとやっているか、本気でやっているかは、子供には分かります。

〝ポーズの抱きしめはバレます〟

ただ抱きしめるだけでは愛情は伝わりません。

大切なのは、心を抱きしめているかどうかです。

心を抱きしめるとはどういうことかというと、子供の気持ちに寄り添い、共感し、受け止めているかどうかということなのです。

それをやるには、いつも自分の子供の頃の気持ちに置き換えながら、決して上からものを言わずに、同じ立ち位置で考えなければなりません。

それができて、初めて子供は心を開いてくれるようになります。

ですから、本当に抱きしめるということは、心ごと抱きしめるということでなければならないのです。

たとえば、子供が親に対して、

「うちの親は、自分の気持ちを分かってくれている」

と思うようになれば、体で抱きしめる必要はないのかもしれません。

# 誰かは味方になり、逃げ道をつくってあげる

うちの両親は昔から仲が良く、七十歳を過ぎた今でもよく二人で行動しています。しかも、二人とも真面目《まじめ》で正義感が強い性格なために、幼い頃からよく二人には怒られました。

特に思春期になってからは、親に反発しても、二人がかりで責められました。親からすれば、息子のためを思って、分からせたい一心で、それも愛情だったのだと今になれば分かるのですが、私は当時、この家には味方がいないと感じ、逃げ場がなく、押し潰されそうな心を持ちこたえるために反発していました。

その後、私は非行に走り、

「どうせ、親は俺のことなんか分かってくれない」

と自暴自棄《じぼうじき》になっていきました。

その後、親と和解し、大人になって母親が言った一言が印象に残っています。

「どちらかが、ウソでもあなたの味方になってあげればよかった……」

これを親になった今、私の子育てにおいて実践しています。

明らかに子供が悪いことをしても、二人がかりでは絶対に怒りません。

必ずどちらかが味方になって、逃げ道をつくってあげます。

たとえば娘が友達をたたいてしまったとします。

母親が、

「こら、そんなことをしたらダメでしょ！　お友達に謝りなさい！」

と怒ったとします。

すると、たいていの場合、私がその場にいれば、娘は泣いて私のところに来ます。

味方になってくれることを知っているからです。

そこで頭を撫《な》でながら、「どうしたの？」と聞くと、ちゃんとたたいてしまった理由を話してくれます。

その後、共感しながらなだめていると、最後にはちゃんとその友達のところに自分で謝りに行くことができます。

ひとつ屋根の下で二人がかりで怒られれば、逃げ場がなくなります。

特に幼い頃は、まだこれからいいことも悪いことも覚えていくわけですから、悪気《わるぎ》なく悪いことをしてしまうものです。

そこで二人がかりで徹底的にやってしまったら、反発するだけです。

誰かが味方になることで、子供はきちんと学習できるのです。

逃げ道をつくってあげることは、非常に大事なのです。

## グレるグレないに親の職業は関係なし

当たり前のことかもしれませんが、あえて書きたいと思います。

これは私の経験ですが、子供がグレるグレないに、親の職業は関係ないとつくづく思わされた出来事をご紹介します。

非行少年時代。たまり場には様々な家庭の子供たちが集まっていました。

議員の息子K先輩、教員の息子S、ヤクザの息子M、母子家庭のN、そして私は金融機関職員の息子です。

そこで議員の息子であるK先輩がシンナーを吸い始めました。

その匂いに同調したのは、Sと私。

そこで私は「お前らもやるか？」とM、Nにも勧めました。

するとヤクザの息子Mは「バカ！　うちの親父にこんなの知られたら殺されるわ」

母子家庭のNは「俺んちは母ちゃん悲しむから遠慮しとくわ……」

と、二人ともに断られてしまったのです。

気づいてみると吸っている我々三人の親は、社会的には堅い職業の息子だったのです。

もちろん、これは〝堅い職業の親の息子はグレる〟という話をしたいのではありません。

いや、むしろ堅い親の方がまともな子供の比率は圧倒的に高いでしょう。

しかし一見、MやNの方が、ノリよくやってしまいそうな感じがしませんか？

けれど、彼らには親の愛情がきちんと伝わっていたのです。

逆に我々三人は、割と経済的に恵まれた環境であったにもかかわらず、愛情不足で親への反発も大きかったのです。

教育熱心で、世間体を気にする親の望む息子でいなければならない。

そういった価値観を押しつけられて、グレてしまう。

これは今までの相談カウンセリングでもよくあるケースです。

わかりやすく言えば、若い頃にグレていた父親なら、少々のことで子供を非難しないでしょう。

むしろ共感し、子供の気持ちに自然に寄り添えるのです。

子供がグレるかグレないかは、親の職業ではなく、いかに子供の気持ちに寄り添い共感できるかにあると言えます。

## 一生親子。親の愛情に年齢は関係なし

二十歳を過ぎた成人だから……もう四十にもなって……など、何か問題を起こせばそう言われるのは世の常ですが、年を取ったから心が大人になれるというわけでもありません。

成人して覚醒剤に走ったり、罪を犯したり、引きこもりや鬱になる人たちの多くは、成人してもなお、親からの愛情不足に苦しんでいる人が非常に多いのです。

最近で言えば、女優の三田佳子《みたよしこ》さんの次男が、覚醒剤で四度目の逮捕をされた事件などがありますが、「もう四十を過ぎてるのだから、親は関係ない」などの意見があったり、三田さんご本人も匙《さじ》を投げたような発言をされていますが、それはあくまで世間体や、対外的なものにすぎません。

そもそも人間は、いくつになっても愛されたいし、親の子でありますから、三田さんが我が子と向き合うことにより、本人の更生の手助けとなることは間違いないと思います。

しかし、お金で解決するような愛情のかけ方は、本人をさらにダメにします。

向き合うことから逃げて、お金で解決することになるからです。

本人の気持ちに寄り添い、なぜ、いつから、何が原因で、自分を大切にできない人間になってしまったのかを、一緒に考え、本人に自覚させなければなりません。

生まれながらの悪人はいないわけですから、どの時点の、どんな出来事がきっかけでそうなってしまったのかを、振り返り、向き合う必要があるのです。

そこにはお互いに傷《いた》みを伴うことは覚悟しなければなりません。

けれども、それを乗り越えられるのも親子の絆《きずな》なのです。

実の親にしかできないことがたくさんあります。

九十歳と六十歳でも親子です。

一生この関係は続くのです。

死ぬまで親子なのですから、親のことを子供は飛び越えることはできませんし、大人になったからって、親に甘えちゃいけないなんてこともありません。

子育てが終わることは一生ないのです。

## 期待はしてもいいが、押しつけはバツ

子供の将来に期待をする。

どんな大人に育つだろう。

やりたいことや目標を見つけて幸せになってほしい、などなど。

親の思いは様々だと思います。

逆に期待をしてもらえない子供は、気楽かもしれませんが、それはそれで寂《さび》しいものです。

長男長女は期待されたけど、末っ子は放任主義なんてのもよくある話です。

期待されて伸びる子供もいれば、期待されることがプレッシャーで押し潰される子供もいます。

何が違うんでしょう？

子供の人生は子供のものです。

親の所有物ではありません。

みんな自分の身一つで、一人で生きていかなければいけません。

それなのに、頭では分かっていても、ついつい子供のことが心配で、子供の人生をコントロールしすぎる親御《おやご》さんもいます。

期待が度を越えて押しつけになると、子供の可能性をどんどん奪っていきます。

親の無し得なかった夢を子供でかなえようとしたり、跡継ぎが必要な稼業で子供に跡目を継がせようとする。

習いごとや学費をかけた分の職業に就いて欲しい、などなど。

もちろん、本人が望めばいいのですが、親の意図やプレッシャーを感じると、子供自身の人生を狂わせかねません。

子供が本当にやりたいことを見つけてから、応援するくらいがちょうどいいのかも知れませんね。

親はあくまで子供の人生の応援団長です。

期待はしても、押しつけないがちょうどいいのです。

# 子供は元気に生きてさえいればＯＫ

子供に期待するのはいいが、押しつけるのはダメという話をしましたが、そもそもの話をして申しわけないのですが、期待しようが押しつけようが、子供と親は別個の生き物なのです。

ですから、その子がどう生きようが、本人が納得しているのなら、人の道に背《そむ》かない限りは、それはそれで見守るしかありません。

また私の話になってしまうのですが、私自身、教育熱心な親の元、期待も押しつけもたくさんもらいました。

私の四つ上に本当であれば兄が生まれていたのですが、母親が自宅で死産してしまいました。

落ち込んだ両親でしたが、その四年後に無事生まれた待望の長男であった私は、人一倍可愛がられ、期待もされました。

しかし、優等生であった私に対する期待はどんどん大きくなり、それがいつしかプレッシャーになり、結果としてはグレてしまい、最終的には薬物地獄のどん底に落ちてしまいました。

息子が覚醒剤を目の前で打っているのを見た時、父親は思ったそうです。

「あー、今までコイツのためを思っていろいろ習わせたり、期待もしたけど、その思いが強すぎて、結局息子を追い詰めてしまったんやな」

そして、こうも思ったそうです。

「子供なんて健康で生きとってくれりゃ、ただそれだけでええやないかと、俺はあの時気づいたんや」

私が更生して十年以上たった時、父が目に涙を浮かべながら話してくれました。

私もそれを聞いた時、父の愛を感じて涙を流しました。

どうせ、親は子供より早く死にます。

子供が生き生きと健康で生きていってくれること。

これを願うだけで本当はいいのかもしれません。

# 転ばぬ先の杖を立てず、隣で一緒に歩け

私が小学校二年生の時の話です。

夏休みの課題として統計グラフの課題を出されました。

クラスで五人ほどがやらなければならなかったのですが、私は学級委員でしたので半強制的にやることになり、青色の画用紙を先生にもらって家に持ち帰りました。

何をやるかを母親と相談し、夏休みの間の朝と夜の温度を測って棒グラフにするという課題に決めました。

夏休みも終わりに近づく頃、夏休み中に測った温度をグラフにする時がやってきました。

統計グラフがどういうものかを理解してなかった私は、定規も使わず、絵を書くかのように色鉛筆やクレヨンでカラフルに書いてみたのですが、母親に、

「グラフなんだから、もっと定規とか使って丁寧にやりなさい」

と指摘されてしまいました。

でも、せっかく自分なりには力作を書いたつもりだった私は、

「やだ！　僕はこのまま出す！」

と言って画用紙をくるくるっと巻いて、輪ゴムで閉じました。

登校日の朝、母親が、

「もう、あんたがやり直さないから、お母さんがちょっと直しといたよ！」

と言ってきたので、輪ゴムを外して見てみると、ぐにゃぐにゃの線の上から、赤と黄色のまっすぐな棒グラフが、交互に丁寧に色紙で切り貼りされた統計グラフができ上がっていました。

それを学校に提出すると、学校で入選、大垣《おおがき》市で入選、そして岐阜県で奨励賞なる賞を取って、岐阜新聞に掲載までされてしまいました。

手直しした母親は、さぞかし冷や汗をかいたでしょうが、小学校二年生の私は、

「自分でやってないのにラッキー！」

と素直に喜んでいました。

きっと学級委員の親である母親は、ちゃんとしたものを提出させなきゃいけないという思いが強かったのでしょう。

この時以外にも、母親が手直しした作品が入選してしまうことが数回ありました。

その後、私は優等生でいなきゃいけない、優等生であることを親は強く望んでいる、と

いうプレッシャーに押し潰されていくことになりました。

あの時、私が定規も使わず書いた絵のような統計グラフを、そのまま出していたらどうでしょう。

きっと先生に、

「もっと丁寧にやりなさい」

と注意を受けていたのだと思います。

注意をされることでやり直す努力や成長があったと思いますし、優等生と思われることはなかったかもしれません。

転《ころ》ばぬ先の杖《つえ》といっても、少し行き過ぎた話ではありますが、転んでわかることの方が多いのです。

失敗するから生きる力が育《はぐく》まれるのです。

我が子の成長を見ながら、隣で一緒に歩くのはいい。

転んだ時に、手を貸したり支えたりするのもいい。

しかし、転ぶ前から親が手を貸して転ばせないようにしすぎるのは、子供の生き方まで変えてしまいかねません。

# 「あなたのため」に隠された悪意

「もううるさいな、わかってるよ！」

「何がうるさいの！　あなたのためを思って言ってるのよ！」

とはよくある親子の口喧嘩《くちげんか》です。

また、職場の上司から部下に対して、

「お前が憎くて言ってるんじゃない、お前の成長のために言っているんだぞ！」

などというセリフもどこかで聞いたことがあるでしょう。

〝押しつけはダメ〟という話を前述しましたが、まさにこれらのやりとりには、その〝押しつけ〟が含まれています。

まずこの「あなたのため」や「お前の成長のため」というセリフは、本当にその相手のために発せられた言葉なのでしょうか？

ほとんどの場合は相手のためではなく、言っている本人が自分のために言っていることが多いのです。

自分のためとはどういうことかというと、自分の言うことを聞かせたい、自分が相手に押しつけている思いを満たしたい、さらには「あなたのため」なんだから私は悪くない、という責任逃れまで含んでいます。

この責任逃れというのが、またタチが悪い。

本当は言いたくないけど、あなたのためになるから私が悪者になって言ってあげる。といったような、恩着せがましい押しつけが含まれているのです。

実のところは、自分の言うことを聞かせたいとか、相手を自分の思い通りにコントロールしたいとか、そういう意図があるにもかかわらず、自分が悪者になってあげると言いつつ、実は悪者にならずにすむやり方です。

これらの言葉は、親子や上司と部下に限らず、友人同士など様々な場面で使われますが、ほとんどの場合はその裏側に、ちょっとした〝悪意〟が含まれているため、言われた方は警戒が必要になってくるのです。

親子に限っては悪意というとちょっと言い過ぎかもしれませんが、子供の気持ちを尊重せず、自分のいうことを聞かせたい、自分の価値観を押しつけたい、という気持ちが含まれている以上、子供にとっては重荷《おもに》になる〝押しつけ〟であることは間違いありません。

# 第3章

# 〝なりたい〟じゃなく〝なる〟

# “なりたい”じゃなく“なる”

サッカーの本田圭佑《ほんだけいすけ》選手の小学校六年の時の卒業文集は有名です。

「ぼくは大人になったら　世界一のサッカー選手になりたいと言うよりなる。

（中略）そして　世界一になったら　大金持ちになって親孝行する。

Wカップで有名になって　ぼくは外国から呼ばれて　ヨーロッパのセリエAに入団します。そして　レギュラーになって　10番で活躍します。」

ということが書かれているのですが、大方の内容は達成しているという意志の強さは、スゴイとしかいいようがありません。

特にスゴイなと思うのは、

「なりたいと言うよりなる」

といい直しているところです。

「なりたい」だけでは「なりたい」だけで終わってしまうんですよね。

僕自身もそうです。

「スターになりたい」という夢は、未だに達成できていません。

「歌手になる」と決めて上京した時は、曲がりなりにも歌手になれました。

しかし、「スターになる」と心底イメージできていない自分の勇気のなさが、そうさせているのだと思います。

〝思考の現実化〟という言葉がありますが、人間は自分が思ったようにしかならないというふうにいわれています。

いくら「スターになる」と口で言っても、心底思えなければ、なることはできない。

「俺ならできる、俺ならできる」

と自分自身を励まし続け、心底思えた時に、夢はかなう。

なりたいじゃなくて、なるんだという一歩踏み込んだ思考が、目標達成には必要だということですね。


私もスターになります。

みなさんも自分の夢の達成に向けて、ともに頑張りましょう。

# やりたいことはできれば親に応援してもらえ

私がこの講演活動を始めた時、両親には反対されました。

「もう過去のことを、わざわざ大勢の人の前で言う必要ないでしょ」と。

おそらく自分の息子が、世間から冷《ひ》ややかな目で見られないか心配だったのでしょう。

でもそういわれると、ついつい話すことも遠慮がちになったり、どこかで後ろめたい気持ちになったりしました。

しかし、そんな遠慮がちの講演会でも、感動してくれる人はたくさんいました。

そして、一度聞いて感動した人が、口コミで広げてくださり、全国で活動するようになりました。

私は、自分の活動に少し自信を持ち始めた頃、両親に改めて言いました。

「僕は世の中のあらゆる悲劇の抑止力になりたい。だからこの活動を応援してほしい」

ところが、全国に広がりつつあった私の活動に、両親はさらに拒否反応。

「全国でやるのは構わない。でも頼むから地元で親の悪口を言うのはやめてほしい」

「いや悪口なんていってないよ……」

私はとても悲しい気持ちになりながらも、どこかで申し訳ないという気持ちを持ち続けて活動していたのです。

そのうち私の地元の大垣市でも何度かやらせていただいたりしましたが、その中に両親の知人が何人か聴きにきてくれて、

「ゆうちゃんの講演ライブ、すごくよかったよ！　感動してみんな泣いてたよ！」

「素晴らしい息子さんを持って幸せだね！」

など、うちの両親に言ってくれたそうです。

そのおかげなのか、徐々に両親も理解を示してくれるようになり、今では全面協力の中、応援してくれるようになりました。

親の応援が得られるようになると、私に遠慮はなくなりました。

会場の涙の数も格段に増え、講演の評価もますますよくなり、依頼も増えました。

世の中には、親に反対されたことをバネにして、頑張って成功する人もたくさんいると思います。

もちろんそれは素晴らしいことだと思いますが、できれば自分の親には応援してもらったほうが、反対されるよりもさらに力になると思います。

もし、あなたがなりたいと言ったものに反対されたとしても、自分の夢に対する熱い思いを理解してもらえるよう、時間をかけてでも説得するべきです。

あなたの誠意が伝われば、必ず親は分かってくれます。

## やりたいことは自分に聞いてみろ

私は、学校での講演ライブやスクールコンサートの時、必ずと言っていいほど子供たちに自分の夢ややりたいことがあるか質問します。

恥ずかしがってなかなか手があがらない学校もありますし、我こそはと元気よく手があがる学校もあります。

しかし、夢がある子供と、やりたいことがない子供を比べると、やりたいことがない子供のほうが圧倒的に多いのです。

「将来の夢はこれから探します」「やりたいことがありません」といった感想文もたくさん見受けられます。

しかし、そもそもやりたいことってなんでしょう？

それは自分の中にあるものです。分からないのであれば自分に聞いてみたらいいのです。

「おい裕太郎、お前は一体何をやりたいんだ？」

「そうだなあ、できれば歌手になって、売れて、スターになりたいけど、そんなの無理だし親にも反対されたし、普通にサラリーマンになって親を安心させたほうがいいのかもな。でも、やっぱり歌うことは好きだな」

「だったら、サラリーマンとか言ってないで、やりたいことをやればいいじゃん、親の人生じゃなくて、お前の人生だろ？　じゃないと後悔するぞ！」

といった具合に自分自身と会話してみればいいのです。

そうすると、自《おの》ずと自分が本当はどうしたいか、自分自身が答えを出してくれるのです。

ただし、そのやりたいことと、ちゃんと向き合うかはその人の自由です。

結局、サラリーマンになり、安定した生活を望む。それもその人にとってはやりたいことなんです。

もし自分に聞いてもやりたいことが見つからない人は、まずは今、どうしたいか、今日何がしたいか、何が食べたいか、どんな服が着たいか、そんな身近なやりたいことを意識的に実現することを考えてください。

そういう日々の積み重ねをしていくことで、やりたいことが分かるようになってきます。

自分のやりたいことや夢は、自分にしかわからない宝であり、財産です。

誰かに反対されようと、馬鹿にされようと、一度きりの人生。

自分の成功を信じることをあきらめないでください。

# やりたくないことをやって失敗すると後悔する

やりたいことには失敗を恐れずチャレンジする。

たとえ失敗しても後悔はしない。

本当にそうでしょうか？

なんでもかんでも、やりたいと思ったことをやってみたらいいのでしょうか？

私は非行に走った時、薬物をやってみたいと思い、それをやった結果、人生のどん底を経験し、そこから立ち直るまでに七年という月日がかかりました。

それを後悔しなかったかというと、後悔したに決まっています。

失った時間は二度と戻ってきません。

じゃあ、薬物が本当にやりたいことだったのかというと、そんなはずもありません。

孤独で自暴自棄《じぼうじき》になり、現実逃避のために、仕方なく手を出したのです。

そんなものを心底やりたいと思う人間なんか一人もいません。

薬物をやりたいと思ってやっている人間などいないのです。

そもそもやりたいことというのは、〝自分の心の底から望んでいること〟という意味なので、本当はやりたくないことをやって失敗すると、取り返しのつかない〝後悔〟という二文字が待っていることになります。

では、本当にやりたいことをやって失敗した場合はどうでしょう。

たとえば、野球が得意なので親も周りも野球をやるよう勧めるけれど、自分としては、どうしてもサッカーをやりたかったのでやったが、レギュラーにはなれなかった。

「あー、やっぱり野球にしておけば、レギュラーになれたかも知れないのに」

と周囲にいわれたりすれば後悔するかも知れませんが、心底やりたいと思ったことに挑戦したのですから、結果としては後悔しません。

また、好きだった女の子に勇気を出して告白したけど、振られてしまった。

「あー、こんなことなら告白なんてしなきゃ良かった」

と思うかも知れませんが、そのおかげでまた次の恋と出会えたり、自分磨きをするようになれば、結果としては告白して良かった、となるはずです。

ということは、心底やりたいと思っていることなら、失敗をしたって後悔はしないのですから、どんどんチャレンジするべきなのです。

# 夢を見失った時は休憩せよ

夢や目標に向かって突き進んでいる時って、人は生き生きしてますよね。

なかなか夢や目標に近づけなくて、その時はつらいんですけど、やっぱり充実感があるというか、生きてるなぁと思える瞬間があると思います。

でもどうあがいても前に進めなくなる、というか、どこにも進む道が見当たらない、ということもあると思います。

私もそういうことはしょっちゅうあります。

十五年前に東京に出て、自分を売り込むために右往左往して、いろんな人脈を開拓し、自分なりのアイデアとハングリー精神で、それなりの実績を残してきました。

でもどれだけ頑張ってもうまくいかず、現実の厳しさをまの当たりにして、まさに八方ふさがりになってしまうこともありました。

仕事が八方ふさがりということは、生活や経済的なことにも影響します。

結婚や家のローン、子供にもお金もかかります。

そうなると、ついつい自分のやりたいことや夢はあと回しになり、生活することが第一優先になりますから、気づいたら「俺、一体、何やってんだろう」と思うことはしょっちゅうですし、思い描いていた人生とは全然違う状態になって、「あれ、俺ってどうなりたかったんだっけ？」「俺の夢ってなんだっけ？」というふうに、自分の夢を見失ってしまうこともあります。

そんな時は、とりあえず、いったん道を外《はず》れて休憩してみるのです。

人生はずっと走り続けることなどできないのですから、いったん頭のスイッチを切って、時の流れに身を預けてしまう。

そうすることで自分をもう一度フラットな状態に戻し、もう一度夢に向かうためのエネルギーを蓄えるのです。

休憩中、もしかしたら今まで見てきた夢ではなく、新たな夢が見つかるかもしれません。

そうなったら行き先を変えてもいいのです。

行きたいところの切符を買えば良いのです。

あなたの人生はあなたのもの。どう生きるのも自由なのです。

もしよろしければ、私が作詞・作曲した「ライフイズジャーニー」という曲をぜひ聴いてみて下さい。

# Life is journey（人生行路）

作詞・作曲：杉山裕太郎

いつまでも続くこのレールを　僕は選んだ
終点のない孤独なゲームの中で　人は何を掴むのだろう

生きるのに疲れ果てたら　途中下車して休めばイイ
気持ちが変わったなら行き先を　変えたってイイじゃないか

窓の外眺めれば　青く澄んだ空に踊る雲
僕の心を照らして舞い上がるよ
果てしのない旅路の中で　同じ時は巡ってくる
遠いアルバムの落書きを　たどって　人は一歩　踏み出してゆく

ジグザグでも構わない　君が道を作ればイイ
奪い合った幾千のやりとりも　今はもう遠い出来事

現実に打ちのめされて　見失う時もあるけど
行きたいトコの切符を買えばイイ　ただそれだけの事

ひとつ駅を越える度　傷みを分け合った友の声
僕の心にしみ込んで　背中押すよ
途方に暮れる毎日の中で　Time is dream！　信じていこう！
誰よりも強い気持ちだけ　捨てないで　君はきっと　辿り着ける
傷付かずに変われないから　Just say good bye
断ち切って　最終電車に飛び乗って

## 通知表はいいところだけ受け取る

みなさんは、小学校、中学校、高校時代と通知表をつけられましたよね。

昔はクラスの人数を五分割に仕分けしてつける相対評価が主流でしたが、今はクラスの割合に関係なく、個人個人の評価点をつける絶対評価が主流となっているようです。

私は中学校の途中まで優等生だったので、通知表の五段階評価は「4」か「5」が多く、それが大人になってからも、ある意味自信となっていた部分はありました。

非行に走ってからどん底に落ち、そこから這《は》い上がろうと思った時も、昔優等生だったからまた必ず戻れるはずだ、というふうにプラスに考えることができました。

逆に、昔、通知表の成績が悪かった人は、

「自分はどうせバカだったから」

と大人になってからも言い続けている人が、自分の周りにも結構います。

「自分はどうせバカだった」

だから勉強なんか無理だとか、自分ができるわけない、と言ってやりたいことにチャレンジしない人もいます。

これは前者も後者も、通知表の評価による思い込みという点では共通しています。

しかし、人間はいくつになろうと、やる気になったり、生活のために必要に迫られれば、誰だって能力を発揮できるようになるのです。

気持ちが入れば、今までできなかったことだって、できるようになったりするのです。

ただやる気になる前に、

「どうせ俺はダメなんだ」

「どうせ私はバカだから」

と自分の可能性を狭《せば》めてしまうのは、とてももったいないことです。

通知表は客観的に自分の事《こと》を教えてくれるものですし、参考にすべきものではありますが、真《ま》に受けすぎて自分の可能性を狭めるのではなく、いい部分だけを受け取って、今後の人生に役立ててほしいと思います。

## 人間の能力に差はない

人間には、実は能力の差というのはあまりないんです。

先ほど通知表の話をしましたが、通知表の評価というのは、ある時点のその時だけの評価ですから、その人の可能性や将来性までは未知数なのです。

ですから、その人がこの先どうなっていくかというのは、その人の気持ちがどこに向かっていくか、ということにかかってきます。

昔、優等生で誰もが成功を疑わなかった人が、ありえないような転落人生を歩んでいたり、昔、どうしようもない落ちこぼれだった人が、社長になって成功していたり、私も今までの人生で何人もそういう人を見てきました。

人間は結局、やる気を持ち続けた人が成功します。

そして、自分の可能性を自分で決めてしまうのではなく、自分の可能性を信じ続けた人は、どんな世界でも成功できる素質があります。

もちろん、メジャーリーガーの大谷翔平選手と、我々凡人の才能を比べたら、こと野球に関しての能力は、彼の足元にも及ばないでしょう。

しかし、人間にはまだまだいろんな能力が無限に眠っていて、開花していないこともたくさんあります。

それが何歳の時に、何がきっかけで開花するのかは誰にも分かりません。

たとえば、私の知り合いのS君は、昔からガリ勉タイプで、人と話すことや運動など、活動的なことが大の苦手《にがて》でした。

ただ難関国立大学に行けるほど頭が良かったので、大手の企業に就職もできました。

しかし、人とのコミュニケーションが苦手だった彼は、職場に馴染《なじ》めず、三年もたたないうちに会社を辞めてしまいました。

その時は絶望的な精神状態だったようですが、そのことがきっかけで、人とうまく話せるようになりたいと、タクシー会社に就職し、今では売上ナンバーワンのタクシー運転手をやっています。

苦手だと思っていたことでも、挫折《ざせつ》がきっかけだったり、家族のためや生活のために必死で取り組んだら、意外とそれが天職だったことに気づくこともあります。

要するに、気持ちや〝魂〟を込めて、その物事に真摯《しんし》に取り組むことができれば、誰でもそのポテンシャルを発揮できるようになる、ということなのです。

# 自分がやったことは自分自身が評価を下す

みんな世の中の人たちは、自分の評価を上げるために頑張っていますよね。

子供の頃から、学校ではテストや通知表で評価され、社会に出れば仕事の業績や給料で評価され、奥様だって家庭の中で評価され、みんなそれぞれが誰かに認めてもらうために頑張らなければなりません。

しかし、一番評価を上げなければいけないのは、実は自分の、自分自身に対する評価なのです。

当たり前の話ですが、自分がやったことは、自分が一番よく覚えています。

良いことも悪いことも、自分が一番、自分がやったことを知っているはずです。

いいことをすれば、誰かが褒《ほ》めてくれなくても自分への評価は上がるでしょうし、悪いことをすれば、いくら自分をごまかそうとしても自分への評価は下がります。

自分への評価が下がるということは、自分自身を信じられなくなるわけですから、つまりは自信をなくしてしまうことになります。

だからこの先、あなたが行動する時は、自分で自分を許せる行動をとってください。

嘘をついたり、騙《だま》したり、ズルをしたり、人に批判されることもあるかもしれませんが、自分で自分を本当に許せるならば、別に問題はないのです。

逆に、自分で自分のことが許せないような行動は、とるべきではありません。

自己評価が下がって後悔がつのり、自分自身がやましくなるだけです。

非行に走っていた当時の私がまさにそうでした。

本当は、親を悲しませたり、人を傷つけることに罪悪感を抱きながら、

「自分はワルなんだから罪悪感なんてないよ」

とうそぶいて、悪事を重ねました。

その結果、その罪悪感が自分では背負いきれないほどやましくなり、その感覚を麻痺《まひ》させるために、酒やタバコだけでなく、薬物にも手を染めていきました。

自分で自分のことが許せなくなる行動を続けていると、自分で自分のことを傷つけるようになってしまうのです。

実は、一番ごまかしがきかないのは、先生でも、上司でも、夫でも、妻でもなく、自分自身なのです。

# 自分が自分自身の一番のミカタになる

人間はつらいことがあった時、どうしても自分で自分のことを責めて否定してしまうものです。

どうせ俺はダメな奴なんだ……どうせ私は幸せにはなれないんだ……どうせ俺は一人ぼっちなんだ……そう考えるとますます負のスパイラルに陥《おちい》っていきます。

特に、生まれながらに愛情をもらえないような不遇な環境で育った人や、学校や職場でいじめにあった経験のある人などは、家族や他人に人格を否定されたことがトラウマになり、さらに自己否定モードに入ってしまうことが多いでしょう。

もちろんそんな時には、自分以外の誰かが味方になってくれるのが一番ですが、一番味方にならなければいけないのは、実は自分自身なのです。

人がいくら励ましたって、自分で自分のことを嫌っていたり、否定したりしている人に、その励ましは届きません。

自分が自分自身の一番の味方になる。

このことを強く思わなければ、人生の苦難を乗り越えることはできません。

どんなことがあろうと、自分だけは最後の最後まで味方でいてあげる。

これが大事なのです。

具体的にはどうするのかというと、やはり一人二役になって、悩みを言ったり励ましたりする役を、交互に声を出して会話しながら、自分の本当の気持ちと向き合うのです。

そうすることで自分の悩みや苦しみを自覚し、それに対して自分が一番言ってほしい言葉をかけて励ますことによって、その悩みや苦しみとどう向き合っていけばいいかを探し当てるのです。

すると、自然にその悩みや苦しみから解放されるのです。

ここで肝《きも》になるのは、言って欲しい言葉を他人に求めるより、自分で言ってしまった方が早いということです。

また、私の作曲した『自分のミカタ』という曲があるのですが、いつも講演ライブの最後に会場で歌っています。

元気がもらえる曲なので、ぜひ聴くことをお勧めします（笑）。

# 自分のミカタ

作詞・作曲：杉山裕太郎

今までツライ思いをしたんだね。　ひどい仕打ちをうけたんだね。
覚めることの無い悪夢から逃れるように　こんなところまできてしまったのさ。
でもこれからはもう大丈夫。　僕が君の一番の理解者になる。
孤独な毎日とよく戦ってきたね　今まで生きていてくれてありがとう。

もっと自分を好きになって　どんなに嫌われたって
自分をもう責めないで　これが僕だ！と胸を張ろう
すべてを包んで歩こう　あの星の見える場所まで

いつも誰かを　気にしてばかり　自分のことは後回し
その苦しみの正体に早く気付いて　それは自分自身だってことにね。

自分を嫌っている そんな君なんて　誰も好きになってはくれないし
自分を愛してやっとやさしくなれる　それがきっと本物の愛なんだ

もっと自分を好きになって　どんなにカッコ悪くても
自分をあきらめないで　何があってもミカタだから
後ろを振り向かず行こう　あの夢の見える場所まで

どんな失敗も過ちも　夢への力に変えて
心が沈んだ時は　このメロディを思い出して

もっと自分を好きになって　どんなに嫌われたって
自分をもう責めないで　これが僕だ！と胸を張ろう
すべてを包んで歩こう　あの星の見える場所まで
あの夢の見える場所まで

## 赤信号、みんなで渡れば怖くない

「赤信号、みんなで渡れば怖くない」

という言葉は、昔、ビートたけしさんが漫才のネタで言い放った言葉です。

たとえば、通行人が何人かいて、赤信号の横断歩道の前で止まっていたとします。

車が全く来なかったのでみな渡りたいと思っていたのですが、誰も渡らないので我慢していました。

ところが、一人が赤信号を渡り出したとたん、他の人もつられてみんなで渡り始めました。

こういうことは日常でよくある光景ですが、この行動には危険が伴います。

人につられて渡った結果、車が来ているのに気づかず、はねられてしまうこともあるのです。

つまり、自分一人ではやらないような悪いことでも、大人数でやれば大丈夫という甘い考え方はいけないよ、という意味の言葉であるとも言えます。

また、私事になってしまうのですが、十代の暴走族だった頃を振り返ると、まさに「みんなでやれば怖くない」という心理の恐ろしさを改めて思わされます。

当時は、当然のように集団で赤信号も無視していましたし、喧嘩《けんか》になれば、大人数で一人をボコボコにすることもありました。

今考えれば、人を殺していてもおかしくないようなこともありました。

一人だったら怖くてできないことも、みんなといると感覚が麻痺する。

とても恐ろしいことです。

「みんなでやれば怖くない」

この言葉は、本来は、一人じゃ怖くて勇気が持てないことを、誰かと一緒にやるから勇気が持てるという、いい意味で使える言葉でもあると思うのですが、どうしても悪い意味にとらえざるを得ないような事件もたくさん起こっています。

集団でいる時こそ、自分をしっかり持たなければいけません。

気づかないうちに人を大きく傷つけることもあります。

「みんなでやれば怖くない」と悪ノリした結果、取り返しのつかない失敗を犯す可能性があるということも、よく頭に入れておいてほしいと思います。

# 人生は何度でもやり直せるが、失った時間は戻らない

人生は何度でもやり直せます。

どんなにつらいことがあっても、どんなに最悪な失敗を犯したとしても、その失敗を糧《かて》として、前向きな気持ちが持てるならば、何回でも、何歳からでもやり直すことができるのです。

ただ、失った時間は戻りません。

二度と戻らないのです。

だからこそ、今を大事に、悔《く》いのないように生きなければなりません。

私自身、若い頃に薬物をやっていましたが、やめたあとも後遺症や鬱から立ち直るまでに、七年の月日を要しました。

もちろん、それだけ苦しんだ分、それなりに得られるものもあり、今の人生に活《い》かしてはいますが、失われた時間はもう戻りません。

しなくてもいい経験をしたせいで大きな代償を払い、特に二十代は全くいい思い出がありません。

二十三歳まで薬物中毒、その後はヤクザから逃げてパチンコ屋の店員、サラリーマン、鬱と戦いながら大学四年間を過ごし、三十歳で上京しました。

二十代といえば、一番元気な時です。

サッカー選手でも、二十代の頃が一番商品価値が高いです。

しかし、私にとってはリハビリのような二十代でした。

三十代になって、ようやく自分の歩みを取り戻すことができましたが、もがいている間に終わってしまった二十代の喪失感は、まるで浦島太郎のようでした。

現実から逃げて逃げ続けた結果、自信を失い、結局は取り戻すまでに、相当の時間を要することになるのです。

人生は何度でもやり直せます。

けれども、失った時間は戻らない。

だからこそ、今を大切に生きなければならないのです。

## 違うなと思ったら勇気を出してやめる

何か新しいことを始める時は勇気がいります。

今までやったことのないことに挑戦するわけですから、うまくいかないことも多いでしょうし、当然、失敗もするでしょう。

基本、物事はやってみなければわからないので、やってみてこれは天職だなと思えるものもあれば、逆にこれは違うな、俺には向いていないな、と気づくこともあるでしょう。

その向いていないと気づいた時に、潔く方向変換できるかどうかは結構重要です。

人生は長いようでとても短いものです。

気づいた時がスタートです。

迷っている間に、どんどん時間は過ぎていってしまいます。

けれども、何かと理由をつけて自分にいいわけして、だらだらとそこに居続ける人も多いのではないでしょうか。

「別に嫌いじゃないしな」

「○○さんにお世話になったからな」

「こんないい条件の仕事はなかなかないしな」

など、本当は違うなと思っているのに、なかなかやめる勇気が持てません。

新しいことを始める時に勇気がいるように、やめる時にも勇気が必要なのです。


元サッカー日本代表の中田英寿《なかたひでとし》さんは、29歳という若さでプロサッカー選手を引退しました。

「まだやれるのにもったいない」と、私も含めた国民誰もが思ったと思います。

しかし、彼は潔く自分の気持ちに正直に決断を下しました。

それ以降、私自身、やめる決断をする時は、必ず彼の潔さをお手本にしています。

「あんなに期待をされた人物が、あんなに潔くやめたのに、お前はいつまでぐじぐじ悩んどんねん」

といつも勇気を持てない自分を奮《ふる》い立たせています。

何かをやめることで、また新しいものも入ってきます。

やめてみないと、捨ててみないと、わからないこともたくさんあるのです。

# ケンカは冷静さを失った方が負け

私は小さい頃からガキ大将で、喧嘩っ早い性格でした。

若い頃は殴《なぐ》り合いの喧嘩をしたことで、雨降って地固まるじゃないですけど、仲良くなってしまったこともたくさんありました。

しかし、大人になるとそうはいきません。

殴り合いの喧嘩なんてしようものなら逮捕されてしまうでしょうし、気まずくなるだけで、修復不可能になってしまう人間関係がほとんどだと思います。

当たり前の話ですが、喧嘩した時に先に手を出したり、一発でも叩《たた》いてしまったら、捕《つか》まる覚悟が必要なのです。

現に私も十代の時、たまたま先輩たちが喧嘩を始めてしまった時に現場にいて、相手に飛《と》び蹴《げ》り一発を喰らわして捕まってしまったことがあります。

その時つくづく思いました。

「喧嘩は手を出したほうが負けだな」と。

しかしその後、生きていく中で、手は出さないまでも、喧嘩になると、怒鳴り散らしたり、ヤクザ言葉を使ったり、そういう癖《くせ》が抜けずに、相手に恐怖を与えてしまい、人間関係を壊してしまったことが何度もありました。

結局、キレて冷静さを失ってしまったら、話し合いにもならなくなり、なんの解決にもならないばかりか、自分の器《うつわ》の小ささを周りに示すだけです。

喧嘩に本当の意味で勝ちたいのであれば、最後の最後まで冷静に対処することが必要ですし、そのほうがむしろカッコいいと思います。

## 死を考えた奴は強くなる

人生っていろいろありますよね。

昨日《きのう》まで幸せだったのに、今日いきなり不幸のどん底に叩き落されることもあります。

一生懸命地道に積み上げてきたものが、一瞬にして崩《くず》れ去ることもあります。

なんで俺ばかりこんな不幸な目にあうんだと絶望し、将来や生きる意味さえも見失ってしまう……。

実は私もこの書籍を書いている今、人生で一番の不幸のどん底に叩き落とされています。

正直、ここまで死にたいと思ったことは、人生で初めてです。

胃が痛くてご飯も食べれず、痩《や》せていくばかり。

おまけに不眠状態が続いて、一時間に一度は目が覚めてしまう。

精神的にも鬱状態になり、自殺願望と戦いながら、約三ヵ月間苦しみました。

人間、ショックが大きな出来事があると、受け入れるのに時間がかかります。

体の血《ち》の気《け》が引き、胃が締《し》め付けられるようにキリキリ痛み、鬱状態に陥る。

正直、生きているのか死んでいるのか分からないくらい、ひどい鬱状態でした。

でもようやく現実が受け止められるようになると、胃の痛みもおさまり、普通の生活が送れるようになります。

そうすると、元の自分よりも明らかに強くなった自分ができ上がります。

そりゃあ、死ぬぐらいまで悩んだのですから、これからはなんでも死ぬ気でやれるのです。

世の中は大概《たいがい》のことでは、命までは取られません。

恥ずかしいだとか、つらいだとか、立場がどうこうとか、そういった悩みがとてもしょうもなく小さなことに感じられるようになります。

今まではだったら挑戦しないようなことにも、ダメ元でどんどん挑戦できるようになります。

だって、どうせ死ぬかもしれなかった命ですから、なんでもやってみればいい、と思うようになるのです。

綺麗《きれい》で高嶺《たかね》の花だった女性にも、ダメ元で声がかけられるようになります。

もしもうまくいったら最高にラッキーですもんね。

やらなかった後悔より、やって後悔したほうがまだマシです。

死なずに我慢して乗り越えた結果、その先に待っているのは、前の自分よりも打たれ強くなった、人生を楽しめるようになった、新しい自分です。

今もしあなたが不幸のどん底にいるとしたら、頑張らなくていいので、ただひたすら時が過ぎるのを待ちましょう。

現実と向き合うのがつらければ、無理をせずに逃げてもいいし、休んでもいいのです。

ほとんどのことは時間が解決してくれますので、だいたいのことは三ヵ月たてばピークのヤマは越えるでしょう。

今のこの苦しみが耐えられるようになれば、不可能を可能にできる新しい人生が待っています。

だから、生きることをあきらめないで下さい。

# 照れず、出し惜しまず、愛ある言葉を

日本人は照れ屋です。

大学生の時、オーストラリア短期留学に行った際、エレベーターの中で現地の人がガンガン話しかけてきました。

「君は日本人かい？　どれぐらいこっちにいるんだい？」

「はい。日本人です。二週間です」

といった感じで、私も自然に会話することができました。

逆に日本に帰ってくると、エレベーターの中では「シーン」として、エレベーターの階を示すランプの動きをみんなが見ていました。

日本は島国ですから、先祖からずっと同じ民族がこの土地に暮らしてきた歴史がありますので、お互いの素性《すじょう》がどこかでつながったり、世間体を気にしたり、恥ずかしがったり、という文化があるのだと思います。

逆に欧米は、移民の国だったり、多民族国家だったりしますから、自分の素性は誰も知らないがゆえに、言葉やジェスチャーやスキンシップで、自分を信じてもらおうとする気持ちが強いのかもしれません。

当然、日本人は素直なコミュニケーションに慣れていない民族ですから、親子や夫婦など親しい間柄ほど、照れたり、出し惜しんだりして、日頃の感謝や自分の愛情を言葉で伝えることは苦手です。

しかし、これができないせいで、ボタンを掛け違えたり、破綻《はたん》したりする親子や夫婦がとても多いと思います。

私自身も、照れて愛情を伝えなかったがために、関係を壊してしまった後悔が過去にたくさんあります。

「いつも○○をしてくれてありがとう」

「いつも綺麗だね。愛してるよ」

など、照れくさくても勇気を出して、日頃の感謝の言葉や、自分の素直な愛情表現を、あなたの大切な周りの人に伝えてみましょう。

言われた方も照れくさいかも知れませんが、言われて嬉《うれ》しくない人間などいませんよね。

# 世の中の格言をポジティブにとらえる

## ①負けず嫌い

［名・形動］《「負け嫌い」「負けじ魂」などの混同からか》他人に負けることを嫌う勝気な性質であること。また、そのさま。まけぎらい。「負けず嫌いな（の）人」（小学館『デジタル大辞泉』より）

**【私の解釈】**

勝ち負けというのは別に勝負事だけではない。口喧嘩や意見のぶつけ合いなどでも、勝つより負けてあげることが大事だったりする。それを踏まえて、本来、この言葉の場合、負ける嫌い（負け嫌い）が正しいはずだが、負けない（負けず）ことが嫌いという意味になっている。ということは、負けず嫌いな人は、勝ってばかりは嫌いということだから、本当は勝ってばかりでなく負けた方がいい人、という意味に解釈できる。負けたほうがいいこともたくさんあるということ。

**【例文】** あなたは負けず嫌いだから、負けてあげたほうがいいんじゃないかな。

## ②下らない

〔連語〕《動詞「くだる」の未然形＋打消しの助動詞「ない」》まじめに取り合うだけの価値がない。程度が低くてばからしい。くだらぬ。くだらん。「―ない話」「―ないまちがい」「―ない連中と付き合う」（『デジタル大辞泉』より）

**【私の解釈】**

下らないは、下がらないと書く。下りはしないという意味だから、良い意味で使うのが正しいという解釈ができる。

**【例文】** あの人は下らないギャグばっかり言って人を笑わせていい人だな。

## ③自業自得

仏語。自分の行為の報いを自分自身が受けること。一般に、悪業の報いを受けることにいう。自業自縛（『デジタル大辞泉』より）

【私の解釈】

自分のなしたことで、自分が得をすると書くのだから、失敗することも得ととらえるように解釈できる。

【例文】あいつが失敗したのは自業自得だよ。次は失敗しないだろうからよかったじゃない。（自業自得だよ！　ざまあみろ！は×〈笑〉）

④失敗

［名］（スル）物事をやりそこなうこと。方法や目的を誤って良い結果が得られないこと。しくじること。「彼を起用したのは失敗だった」「入学試験に失敗する」「失敗作」（『デジタル大辞泉』より）
【私の解釈】
敗《ま》けを失う、と書くのだから、失敗するほど負けることが少なくなると解釈する。
【例文】失敗こそが最大の財産だね。

## ⑤苦しい時の神頼み

普段は信仰心を持たない人が、病気や災難で困ったときだけ神仏に祈って助けを求めようとすること。（『デジタル大辞泉』より）

**【私の解釈】** 普段拝《おが》んでいないと助けてくれないようなケチな神様なら拝む必要などない。人間は、神に拝む前に、全力で生きて、これでもかというぐらい努力して、それでも不安な時に神頼みすれば良い。たとえばオリンピック選手が散々ストイックに練習して本番を迎える時に拝むなど。

**【例文】** 困った時の神頼みで全然オッケーだよ。

# 第4章

# スマホに操られるな

# スマホに操られるな

スマートフォンが当たり前の時代になって、スマホ一台でネットや電話だけでなく、カメラに動画、ゲーム、音楽、SNS、ナビ、その他、いろんなアプリでいろんなことが可能になりました。

そのおかげで様々な電化製品が姿を消したり、事業を撤退したり、社会にも大きな影響を与えています。

特に、一台でなんでもできるあまり、スマートフォンに依存する人間があとを絶ちません。

機械を覚えるのが早い子供たちだけでなく、親世代や年配の方々、そしてこれを書いている私も含めて、スマホが日常から手放せない状況になっています。

何を隠そう、この本が書けたのも、実はスマートフォンの音声入力アプリのおかげです。

いいたいこと、書きたいことを、読み上げて文章にしてくれます。

あとはワードなどに落とし込んで、句読点や改行など修正して整えるだけ。

非常に便利なものです。

これだけ便利だと、大人ですら依存してしまうのも無理はありませんし、子供に、

「携帯ばっか、いじってんじゃないの！」

なんていえなくなっている親御《おやご》さんも多いのではないかと思います。


さて、このスマホ依存社会を、我々はどういうふうに生きていけばいいのでしょうか。

スマホが普及したことも一因でしょうが、ますます直接のコミュニケーションが減り、孤独な人間や、人の痛みのわからない人間が大量生産されています。

一日誰とも話さなくても生きられるし、道には迷わないし、誰かに何かを聞かなくたって、調べ物だってすぐできる。

今の社会は便利になった反面、人間を必要としない社会になりつつあるのです。

だからこそ、こんな時代だからこそ、直接のコミュニケーションは大切にするべきです。

スマートフォンをまったく触らない時間を、必ず一日の中で設けるとか、小さな画面ばかり見てないで、外の綺麗《きれい》な景色をぼんやり眺《なが》めるとか、人と積極的に会うようにするとか、それぞれに工夫が必要だと思います。

そして、ネットの情報に踊らされたり、スマホに操られるような生活にもピリオドを打

たなければなりません。

また、未婚率が高いのも、スマホの普及によって出会うタイミングが少なくなってしまったことなども要因の一つではないでしょうか。

たとえば電車に乗って、かっこいい男性や、綺麗な女性を見つけても、みんなスマホをいじりながらイヤホンをしてマスクをしていたら、目が合うことも、話しかけるタイミングもありません。

こんなふうでは、困ってる人や助けを求める人に、気づくこともできません。

私もみなさんも、もっと現実社会に目を向けなければいけませんね。

人のぬくもりのない孤独な生活は寂しいものです。

## 深夜徘徊よりネット徘徊の方が危ない

インターネットがなかった我々の少年時代は、深夜徘徊《はいかい》は非行の始まりだとして、親たちは子供を家から出さないように警戒していたものです。

私が非行に走り始めた中学生の頃は、親が寝静まったのを見て、二階の部屋のベランダから物置の屋根に乗り、そこからぶら下がって着地し、深夜徘徊を繰り返していました。

でも、それはすぐに親に気づかれ、車で私を探し回る親の車とバイクですれ違ったり、ゲームセンターにいるところを連れ戻されたりしました。

しかし、なぜそこまでして夜遊びがしたかったのか考えてみると、外の世界と接触するには、この方法しかなかったからです。

今のように、日本だけでなく世界中の人とネットでつながることが可能な時代であれば、別にそんなリスクを冒《おか》さなくても外の世界とつながれるわけですから、私のようにベランダから飛び降りる必要はありません（笑）。

彼女との連絡だって、昔は相手の家に電話をかけるしかなく、自分や相手の親のことを気にしたりしなければなりませんでしたが、今は直接ＬＩＮＥなどスマホでやりとりできますもんね。

しかし、それだけ便利でいい時代になった反面、不特定多数の人間と出会いやすくなったということは、危険な人間と出会ってしまうことも増えました。

家にいながら犯罪者の危険な罠《わな》にはまったり、ストーカーのような人間に命を奪われたり、出会うはずのない人間と出会ってしまう危険……。

深夜徘徊の場合は、直接顔が見える出会いしかありませんから、もちろん危険ではありますが、警戒のしようもあるわけです。

しかし、ネットの中には、性別すら騙《だま》されていても分からない危険性があるわけで、特に未成年者が犯罪に巻き込まれてしまう事件が増えているのは、非常に嘆《なげ》かわしいことです。

昔のように、不良少年が犯罪に手を染めるのはある意味分かりやすかったのですが、今は普通に見える子供たちが、犯罪被害者や加害者になってしまう危険性があります。

深夜徘徊よりも、ネット徘徊の方が、今の時代は危ないのです。

# ネットで得た知識より、自分で見聞きした経験が本当の知識となる

ネット社会を生きる我々は、どうしてもネットの情報に頼りすぎている節《ふし》があります。なんでもかんでも検索すれば情報が入手できますから、もちろん必要な情報も簡単に手に入りますし、中にはでたらめな情報や、自分には必要のないような情報まで目に飛び込んできます。

しかし問題なのは、その間違った情報を鵜呑《うの》みにして、間違った事実を自分の中に取り入れてしまうという危険性があることです。

また、自分が経験したわけでもないのに、自分の知識のように、経験したように、錯覚《さっかく》を起こす人が増えているのも事実です。

一例を紹介すると、飲食店の口コミサイトがあります。

そもそも食べ物というのは好みの問題も非常に大きなウエイトを占めますから、感じ方は人それぞれですよね。

実際、僕が大好きな行きつけのラーメン屋さんは、ネットの口コミではイマイチだったり、逆に、口コミがすこぶる良い評価のお店の店員の態度がむちゃくちゃ悪かったり、そういったことはやっぱり行ってみないとわからないのに、多くの人たちが口コミサイトを信用して踊らされてしまう。

やはり、自分の目で確かめたもの、自分が実際やってみたもの、これは明らかに〝知識〟という財産になります。

ネットで〝ググった〟だけでは、本当の知識とは言いません。

また個人が書いているブログや、誰かが独断と偏見《へんけん》で発信している情報なども、参考になることもありますが、それはあくまで個人の見解であり、正しいかどうかは分かりません。

またメディアの情報も、週刊誌にしろテレビにしろ、事実と違ったり、ニュアンスが違ったり、アクセスを稼ぐためにオーバーな見出しを書いてみたり、実際とは違った情報が飛び交《か》っているのも事実。

まずは自分の足で動いて人生経験を積み重ね、本当の〝知識〟を増やしていく。

この作業は、非常に大事なことなのです。

## 余計な情報は見ない。情報は自分で選べ

仕事中「あ、そう言えばあれ調べなきゃ」

急に思い出してスマホを取り出した。

仕事での調べものがあり、その検索ワードを入れようとして、とある検索サイトのトップページを開いた。

すると、ある芸能人同士の離婚のニュースが載っていた。

「あー、あの人離婚したんだ。相手って誰だっけ」

そう思ってまた調べ始めた。

「はいはい、この人ね。ドラマに出てたな。どんなドラマだっけ」

そう思って、今度はそのドラマを調べ始めた。

そうやって調べていくにつれ、関連記事もどんどん出てきて、ぶっちゃけどうでもいい記事を読み続けてしまった。

「あれ、そういえば俺何調べるんだっけ……？　思い出せない……」

とまあそんなことを言いながら、なんとか仕事の調べものをすませ、仕事モードに戻る。

こんな経験、みなさんにもありませんか？

私はしょっちゅうあるのですが、このあいだは参りました。

たまたまサッカーの記事を読んでいた時に、「香川真司ゴール！」という見出しを見つけ、香川選手が大好きな私は、そのリンクをクリックしてみたのです。

すると、記事とは全く関係のない、どこかの国の交通事故の遺体の写真が出てきてしまったのです。

私は目を背けながらもその画像を見てしまい、その画像がしばらく脳裏に焼き付いて、なかなか離れなかったのです。

こうやってインターネットの時代が来て、見たくないものをどんどん見させられる時代になってしまいました。

アプリによってはニュースをどんどん通知してくるものもありますし、ＳＮＳでは他人のプライベートな情報がどんどん飛んでくる。

とにかく情報情報情報社会。

でもその情報を見てしまったがために、本来やるべきことが疎《おろそ》かになったり、無駄な時間を過ごしてしまったり……。

自分が目にする情報や受け取る情報は、自分で選び、余計な情報に振りまわされるようなことは阻止しなくてはなりません。

ＳＮＳの他人の自慢大会を見て心が動揺してしまうのなら、無理にＳＮＳをやる必要はないし、検索サイトはニュースとか余計な情報がなるべく載ってないものを選ぶとか、自分なりに工夫して、受け取る情報を選ばなければなりません。

見たくない情報で脳がダメージを受け、それが気になって本来の自分の大切な活動に支障をきたしてしまうのは、とてももったいない話です。

# プロフィールで人を判断するな

プロフィールが重要な判断材料になるものと言えば、会社の採用だったり、婚活だったり、最近のＳＮＳだったり、今はネットの普及もあって、プロフィールで判断するものも増えました。

同じ趣味の人や、同じ地元の人など、自分が望む条件の人も見つけやすくはなりましたが、プロフィールはあくまでも〝ただのプロフィール〟なので、それだけで人を判断することは、当然ながらできません。

たとえば採用の場面で言えば、東大卒だって使えない人間は使えないだろうし、婚活で言えば、プロフィールの年収金額にこだわり過ぎて、自分と本当に相性《あいしょう》の合う人と出会えず、結婚できない女性もたくさんいるでしょう。

要するに人間は、実際に付き合ってみて初めてその人の人間性や能力が見えるので、単なるプロフィールに惑《まど》わされて、いい出会いのチャンスを逃してしまうのは、非常にもったいないことです。

また最近では、ＳＮＳを通じて子供たちが被害にあう事件が年々多くなっています。優しい人のふりをして実は殺人犯だったり、イケメン大学生になりすました中年男性が、女子学生にわいせつ画像を大量に送らせていたり、今の時代はネットを通じてどんな人間と出会うか想像もつきません。

もちろん、大多数の人はまともな人間だと思いますが、女の子のふりをした男性だったり、その逆だったり、プロフィール画像を加工してしまえば、誰かになりすますことだってできるのです。

顔の見えないネットだからこそ、匿名《とくめい》で好き放題言えるし、ストレス発散にネットを利用する人だっています。

もし子供たちが、ネット上のプロフィールを真《ま》に受けて、信用しきって行動した時、運が悪ければ命を取られる危険性だってあるのです。

しかし、人生経験の浅い子供たちは、異性にも興味がありますし、簡単に騙されやすい。

だからこそ親子のコミュニケーションがとても重要になってきます。

子供の力だけで判断できない時に、ちゃんと相談しあえる人間関係を普段からつくっておくことは、今のネット社会の子供たちを守るために、とても重要なことと言えます。

# 趣味の違う人間とも仲良くなれ

今の世の中は、ネット上やSNSなどにプロフィールを晒《さら》している人がたくさんいるので、自分と同じ趣味だったり、好きな音楽が同じだったり、そういう人は見つけやすいと思います。

もちろん自分と好みが同じだと、仲良くなるのも早いと思いますし、一緒にいても話が合うので楽しいですよね。

ただ、これだけ自分と好みが合う人を見つけやすい世の中になると、趣味や好みが合わない人との接点が少なくなる傾向があるようです。

私が講演に行った学校のある先生が、

「今の生徒たちは、自分と趣味の会う人間としか接点を持とうとしないんですよ」

と嘆いていたことがあります。

確かに昔であれば、ネット上にプロフィールなどを晒していることはなかったので、実際に会って会話してみないと、相手のことはわからなかったものです。

でも、もしその相手と趣味や好みが違ったとしても、会話だったり、フィーリングだったり、相手に興味を持つことで、相手の趣味や好みが自分にも理解できるようになったり、好きになったり、新しい世界を教えてくれる存在にもなりました。

今は同じ趣味の人間だけで固まる傾向が強いようですが、それだけでは自分の可能性や世界観は狭《せま》いまま。

自分の中に新しい発見や成長や伸びしろがまだまだあるにもかかわらず、狭い世界だけで終わるのはもったいない。

趣味が合わなくたって魅力を感じる人は、世の中にはたくさんいます。

# 告白はＬＩＮＥより直接の方がうまくいく

好きな異性に想いを伝える時、今はＬＩＮＥで伝えるという人も多いと思います。

しかし、ＬＩＮＥで伝えるよりも、直接会って告白したほうが、うまくいく確率が上がるのです。

確かにＬＩＮＥは気軽に相手に想いを伝えることができますが、それだけにやはり軽く思われてしまうというデメリットがあります。

告白される側の男性・女性いずれも、どんな形で告白されたいかアンケートを取ると、約8割以上の男女が、直接会って告白されたいとの回答をしているようです。

その理由としては、

「相手の表情や雰囲気で、真剣さが伝わるから」とか、「勇気を出して言ってくれた方が嬉しい」といった理由です。

もちろん、何度かデートを重ねた相手だったり、相思相愛の場合は、ＬＩＮＥのほうが手っ取り早くうまくいく告白だったりしますが、可能性が不透明な相手に想いを伝えるならば、勇気を出して直接言葉で想いを伝えてほしいと思います。

そのほうが、相手に想いが伝わりやすく、相手の心を動かせる可能性が高まるのです。

このほかに、直筆《じきひつ》の手紙というのも手間がかかる分、ＬＩＮＥより真剣度合いが伝わり、効果的な告白の方法といえます。

# 寂しさをネットの中にぶつけるな

人間は孤独な生き物です。

それぞれが、生まれてから死ぬまで、自分の身一つで生きていかなければなりません。

自分の周りに自分を理解してくれる人がいない。

誰も自分を必要としてくれていない。

そう思うと、ひとりぼっちで、寂《さび》しくて、生きるのが怖《こわ》くなりますよね。

しかし、いくら寂しいからといって、ネットの中に救いを求めても、余計に傷ついたり、事件に巻き込まれたりしてしまうこともあります。

座間《ざま》で起きた「9遺体事件」でも、「死にたい」とツイッターでほのめかした若者が、次々に猟奇的殺人犯の犠牲になってしまいました。

また、顔の見えないネットの世界では、罵詈雑言《ばりぞうごん》が飛び交《か》い、言葉の暴力でさらに傷つけられてしまうこともあります。

できれば、現実世界に話を聞いてくれる人を探してください。

あなたが心を開いて救いを求めれば、助けてくれる人は結構います。

人間がひとりぼっちで寂しいのは当たり前。

救いを求めるのは別に恥ずかしいことではないのです。


けれど、もし探しても誰もいない時。そんな時は、自分がやりたいことに打ち込むことに、ぜひ時間を使ってください。

自分の心に正直になって、やりたいと思うことならなんでもいいのです。

寂しさを埋めるために、自分の心の財産を増やすのです。

すると、達成感や成長が感じられ、ポジティブになれます。

私はつらいとき、ジムに行って血流をよくして、体ごとポジティブになり、新しいアイデアや本来やりたかったことに取り組むことで、充実感が得られるようにしています。

パートナーが欲しいならば、婚活パーティーやコンパ、人が集まる場所など、出会いの場にもどんどん積極的に出かけて、出会う確率を上げましょう。

寂しい人間同士がネットの中でお互いに傷つけ合うのは、悪循環《あくじゅんかん》以外の何ものでもありません。

# ネットで吠える卑怯者になるな

私がやってほしくないと思うことは、日常のストレスを、ネットの中で誰かを攻撃して発散することです。

顔も見えない名前も偽名の世界で、気に入らない人や、羨《うらや》む人を見つけては攻撃したり、人格否定したり……。

そういうことをやっていると、スッキリした気がするのはその時だけ。

全部自分の心の中にはね返ってきます。

自分が他人に汚い言葉を投げかければ、他人も同じように自分のことを思っているのではないかと考えてしまいます。

そうすると、負のサイクルから逃れることはできません。

誰かを傷つけてスッキリできる人間などいないのです。

自分の人生がうまくいかないからといって、ネットで誰かを攻撃しても虚《むな》しいだけです。

しかも、そもそも顔も晒《さら》さず、名前も名乗らずに悪口を言うなんて卑怯者《ひきょうもの》のやることです。

本名も顔も晒して言えるのかといったら、大多数が言えなくなると思います。

また、今のテレビやマスコミもよくありません。

そういう批判や不満の吹き溜《だ》まりのようなネットの声を、いかにも国民の声や世論であるかのように取り上げ、実態と違う国民の声として間違った情報を垂れ流し、誤った世論をつくっている側面があります。

正直、ネットにいちいち書き込まない「リア充」の人間たちはたくさんいます。

そういう人たちは、声を上げないから分からないだけです。

以前に「亀田親子」がネットの中で批判にさらされていましたが、私の周りや年配の人も含めて、亀田親子を批判する人はいませんでした。

だって世界チャンピオンで父親を尊敬する三人の兄弟と、世界チャンピオンを三人育てた父親です。

むしろ、応援する人の方が圧倒的に多かったのではないでしょうか。

「ネット住民」の声を〝大〟にして取り上げるのは、いかがなものかと思います。

# やりたいことは失敗を恐れずチャレンジせよ

せっかくやりたいことを見つけたのに、ネットでネガティブな情報を取り入れ、結局、夢への気持ちがしぼんでしまったり、やってもいないのに知った気になってしまったり、そんな経験はありませんか？

そもそもネットの情報というのはあてになりません。

自分の目で実際に見たり、実際に経験して感じたことは絶対です。

やってみてあなたはどう感じるか、それが大事なのです。ということはまず、失敗を恐れずに自分がやりたいと思ったことに、どんどんチャレンジしてください。

ネガティブな情報に踊らされることなく、自分がこうだと思ったことをやってみる。

もちろん失敗することは怖いとは思いますが、もし失敗したとしても、自分がやりたいと思ったことであれば、絶対に後悔はしません。

必ず成長への肥《こ》やしになります。

# 第5章

# 時速四十キロで走る

## 時速四十キロで走る

みなさんの人生の速度は、どのくらいに感じているでしょうか？

「若い頃は百二十キロぐらいだったけど、今は六十キロかな」

「私はいつも低速走行で、三十キロの人生だ」

という人もいるかもしれません。

もちろん、道路交通法上で言えば制限速度がありますから、見通しの悪い道や危険な道は低速走行、見通しが良い道や高速道路はスピードが出せるわけですけども、逆に見通しの悪い道でスピードを出せば、事故を起こす確率が高くなったり、高速道路で四十キロで走っていては、事故を起こしたり、迷惑をかけたりしてしまいます。

周りの状況にあわせて走る。それは人生においても必要なことかもしれません。

私は若い頃、暴走族のリーダーをやっていたことがありますが、周りの状況も考えず、いつ死んでもおかしくないスピードで走り回っていました。

幸いなことに命を落とさずにすみましたが、今になって考えれば、神様のおかげだとしかいいようがありません。

しかし、親になった今はどうでしょう。

親になったら、自分の周りだけでなく、子供たちや家族のことも、注意して見ていかなければなりません。

法定速度六十キロで走ったとしても、細かい見落としがありそうですよね。

時速四十キロならどうでしょう。

ほかの車に少し遅いと思われるかもしれませんが、周りをきちんと見る余裕があり、危険があればいつでも止まれる、そういう速度だと思います。

しかもこの狭《せま》い日本で、急いでスピードを出したとしても、信号に捕《つか》まったり、渋滞などで時間がかかり、結局、到着時刻にそこまでの差は出ないそうです。

人生においても、運転においても、時速四十キロ走行をベースにすることをぜひお勧めします。

また、バイクに乗る場合は、当然ですが、車に乗るよりも死亡事故にあう確率が大幅アップします。くれぐれもお気をつけて。

（※高速道路の最低速度は五十キロです。著しく周りの走行を妨げる場合は流れに乗ってください〈笑〉）

# 愛とは＝共感である

愛という言葉を聞いて、みなさんは何を思い浮かべますか？　男女の恋愛を思い浮かべる人、親子の愛を思い浮かべる人、人間愛や博愛を思い浮かべる人もいるでしょう。

辞書を引くと、「かわいがり、いつくしみ、大切に思う心」などの意味になるのですが、そもそも愛とは形のないものです。

形のないものですから目にも見えません。

一般的にハート型で表されることが多いと思いますが、実際にそんな形をしているわけではありませんよね。

では、その愛を形にすると、どんな形になるでしょう。

抱きしめたり、頬擦《ほおず》りをしたり、また言葉で愛を伝えるということもあると思いますが、私が一番大事にしなければならないと思う愛の形は、相手に〝共感〟することだと思います。

共感とは、他者と喜怒哀楽の感情を共有することです。相手の喜びやつらさを理解し、自分も同じように感じることで、相手に寄り添うことができる能力です。

本来は人間に生まれつき備わっているものなのですが、生《お》い立《た》ちの中で親など周りの大人に共感してもらったことがない人＝愛をあまりもらったことがない人は、なかなか他人のことまで理解することができなくなってしまいます。

他人が理解できないということは、共感できないわけですから、人の痛《いた》みにも鈍感になったり、自分の子供や配偶者にも愛情が与えられなくなります。

そこで様々な事件や問題が起こったりしてしまうわけです。

ですから、〝愛〟という形のないものを、相手の気持ちに寄り添いながら、〝共感〟という形で表現することは、必要不可欠な〝愛〟だと私は思うのです。

では、具体的にはどんな形で共感を表現したらよいのでしょう。

それは次の項でお話しします。

# 「そうだよね」が幸せのキーワード

Twitter や Facebook などのＳＮＳにおいては、発信した情報に対して、それを見た人が、〝いいね〟のボタンを押すという簡単なコミュニケーションが主流となっています。そして、いかにたくさんの人に、いいねをしてもらえるかを目標にしたり、競い合ったりしている人もいます。

こういったものが流行《はや》る一つの理由として、人間の心理の中には、人に共感してもらいたいとか、人に褒《ほ》めてもらいたいというような承認欲求があるからです。

しかし、いくら〝いいね〟ボタンを押してもらっても、それはあくまで顔の見えないネット上のコミュニケーションであり、本当の意味で相手に共感してもらえているのかと言えば、それはわかりません。

特に今の若者たちはネット上に共感を求めますが、現実社会や家族の中で共感してもらえていない人ほど、ネットの中に求める傾向があります。

では、具体的にどのような形で〝共感〟していることを伝えればいいのでしょう？

前項では「愛＝共感」であるという話をしました。

相手の喜びや悲しみを理解し、自分に置き換えて同じように感じることで、相手の気持ちに寄り添うことができた時、まず最初に出てくる言葉を考えてみて下さい。

「そうだよね、嬉《うれ》しいよね」

「そうだよね、つらいよね」

という言葉が出てきませんか？

もちろん嬉しいときは「いいね」でもいいのかも知れませんが、

「そうだよね」

という言葉から始めるようにすれば、どんどん相手に共感できるようになってきます。

逆によくいってしまいそうなのが、

「でもね、あんまり浮かれてちゃだめよ」

「でもね、そんなに弱音ばかりじゃだめよ」

というような否定的な言葉。

ついつい相手に先回りの心配をして、共感することをすっ飛ばしてこのような言葉を言ってしまうと、相手は共感してくれていないと感じ、コミュニケーションはうまくいきません。

私自身、このような否定的な言葉ばかりいってしまったことで、大切な人間関係を壊してしまったことがあります。

そんな経験から、まず相手に〝愛情〟を伝える手段として、「そうだよね」、または「そうですよね」という共感の言葉から入るよう心掛《が》けています。

これは親子に限らず、夫婦、友人や、会社での上司と部下など、自分の周りの大切な人たちと絆《きずな》や信頼を深めるために、ぜひお勧めしたい言葉であり、愛情を伝える〝幸せのキーワード〟だと私は思っています。

# 受け止めることは誰でもできるが、受け入れることは無理にしなくていい

この本では再三にわたって〝共感〟という文言が出てきますが、共感することを具体的に言い換えるならば、「受け止める」ということです。

「受け止める」とはどういうことかというと、

「あなたはそういう意見なんだね、なるほど、分かるよ」

と、共感し、相手の意見や感情を理解して「受け止める」ことです。

ここで注意しなければならないのは、自分の意見は自分の中にきちんと持っている、ということです。

「あなたはそういう意見なんだね、なるほど、分かるよ」

「ただ、私はこう思うんだよね」

という具合に、自分の意見が全く違ったとしても、相手の意見に共感したり、理解を示すのが「受け止める」ということです。

では、「受け入れる」とはどういうことかというと、自分の意見があっても、相手の意見に合わせることです。

もちろん、相手の考えと自分の考えが同じだったり、自分にとってプラスになるような価値観だったりすれば、受け入れることは問題ありません。

しかし、自分の意見があるのに、相手に好かれるために自分の意見を押し殺したり、自分の意見がないから、すべて相手に合わせるというような受け入れ方をしていると、やがてそれは「依存」という形に変わっていってしまったりします。

親子や夫婦、恋人同士でも、このような「依存」の関係が見られます。

「依存」の関係は、依存する側もされる側も、共に依存するから成り立つ関係です。

そうなると一人では生きていくことが困難になったり、心のバランスもどんどん崩《くず》れ、やがては破綻《はたん》してしまうこともあります。

そうならないためにも、「受け入れる」ことは無理にしなくていいのです。

自分の意見がありつつ、相手に理解を示す「受け止める」という作業は、誰にでもでき、かつ、人間関係を円滑《えんかつ》にするコミュニケーションの一つです。

# 気持ちをわかってくれる人であれ

あなたが学生時代に一番印象に残っている先生は誰ですか？

私が一番印象に残っているのは、小学校時代のＧ先生。

当時二十代の男の先生でしたが、いつも泣きながら生徒を怒るところが真剣すぎて面白くて、いつもみなで笑っていました。

今になって考えるとハートの熱い先生だったんだなぁと、とても懐《なつ》かしく思いますし、なんだかんだいって自分たちの気持ちをよく分かってくれ、話を聴いてくれた先生だったなというのを覚えています。

若くとも、話を聴いてくれたり、気持ちを理解してくれた先生というのはやっぱりよく覚えていますし、立派な先生であっても、気持ちをわかってくれなかった先生は、やはり印象が薄いです。

会社の上司はどうでしょう。

頭ごなしに指示ばかりしてくる上司より、部下の言い分に耳を傾けてくれたり、気持ちをわかってくれる上司について行こうと思いますよね。

おそらくこれは友達同士でも、親子でも、同じだと思います。

気持ちをわかってくれるから友達になれるし、気持ちをわかってくれるから苦しい時に親を頼るのです。

気持ちを共感してくれない人とは、いい関係はつくれません。

ということは、自分にとって大切な家族や周りの人との人間関係において、相手の気持ちを理解しようと努力することは、とても大切なことだといえます。

これができるようになれば、人間関係はすべてうまくいくといっていいでしょう。

別に立派でなくとも、いいアドバイスができなくとも、相手の気持ちを理解するだけでいいのです。

相手の気持ちを理解し、共感する。それだけで、あなたはその相手との信頼関係を築けるのです。

「うちの親父《おやじ》は、なんだかんだ言って、俺の気持ちを分かってくれている」

といわれるようになれば、その父親は、息子からの信頼を勝ち取ったことになるわけです。

# 教師は呼び捨てにされるくらいになれば尊敬される

これは私が大学四年生の時に教育実習に行った時の話ですが、私の授業指導をしてくれた先生は、とても厳格で礼儀にうるさい方でした。

私に対してはさほど厳しくはないのですが、生徒に対しては、職員室へ入る時の挨拶《あいさつ》の仕方や、先生との話し方など、なにかにつけて説教をする先生でした。

その先生が教室に入って来ると、生徒たちはいっせいに私語をやめて静かになりますし、最初は、よく教育されているな、と感心しましたが、その先生の授業を見た時に、大きな違和感を覚えました。

生徒たちがまるで洗脳でもされているかのように、ものすごい勢いで手をあげるのです。

先生の話にみんなが相槌《あいづち》を打ち、質問にもじゃんじゃん答える。

ある意味完璧な授業でした。

しかし、生徒たちの表情は全然生き生きとしていませんでした。

どちらかというと、先生のために授業をやっているという感じでしょうか。

私やほかの先生が見学に来ているのを、空気を読み、積極的な生徒を演じているという感じでした。

案の定、その後の休み時間で、

「あー、アイツの授業だるいよな」

「アイツすぐキレるからめんどくせーし」

といった生徒たちの本音《ほんね》がボロボロ。

結局、生徒たちが先生の前で見せている顔は「いい子」で、実際の生徒たちの本音は先生には見えていなかったのです。

それはおそらく先生自体が、生徒にバリアを張ってしまっていたからです。

「先生あのさぁ」

と生徒が、馴《な》れ馴れしい感じでじゃれに来ても、

「先生に向かって、なんだその言葉遣《づか》いは」

とやってしまうから、そうなるのです。

私が知っている先生で、生徒に思いっきりタメ口をきかれている先生がいます。

その先生は表面的な言葉や態度でいちいち説教したりしません。

人としてダメなことをした時だけ説教します。

その先生は生徒にバリアを張っていませんから、生徒たちはニヤニヤしながら、その先生に話しかけます。

その先生の授業では、生徒の表情は自然体です。

先生の前ではタメ口をきいていても、陰では、

「あの先生ってマジいい先生だよな」

「あの先生って、なんだかんだ俺らの話、聞いてくれるよな」

と尊敬されているのです。

おそらく生徒の気持ちに寄り添えているかどうか、生徒に近い場所にいるかどうかが決定的に違うのだと思いました。

ある意味、バリアを張る、というのは弱い証拠です。

表面的な礼儀よりも、本当に尊敬されれば、肝心《かんじん》な時は、きちんとした礼儀を生徒たちは見せてくれるはずです。

# 親子は対の鏡である

親と子は二対《つい》の鏡のようなものです。

親が愛情を持って育てれば、愛情の深い子になり、親が愛情を与えなければ、人の痛みのわからない愛のない子に育ちます。

人はこの世に生まれて、初めて接するのが親ですから、子供が影響をもろに受けるのは当然です。

だからこそ、親のかかわり方は重要です。

溺愛《できあい》しすぎて過保護になったり、近すぎるのも問題ですし、逆に放任主義で愛情表現をしないのも問題ですが、一番大事なのは、親自身がどう生きているか、それを子供はちゃんと見ているということを、親が自覚しなくてはならないということです。

子供の素行に何か問題が起きた時は、子供の姿が、自分の姿を映し出している鏡のようにとらえ、子供をなんとかしようとするのではなく、自分の行いや心を正すことを、まず考えなければなりません。

たとえば子供が非行に走ってしまったら、自分が自身と向き合っていないからであると、日頃の行いを省《かえり》みなければ、子供の気持ちと向き合うことはできないでしょう。親と子は対の鏡のようなものですから、親が向き合ってこなかった現実を、子供に映し出すようにできているのです。

また、逆に親のほうがどうしようもなくちゃらんぽらんで、

「俺はあんなふうになりたくねー」

と反面教師にして、親とは正反対のしっかりした子になることもあります。

いずれにしても親子は、足して二で割るとちょうどいいバランスになる鏡のような関係なのです。

なぜそうなるのかと言うと、親子は本能で愛し合っているからです。

愛し合っているからこそ、互いに意識もしますし、真似もするし、喧嘩《けんか》もするわけです。

こればかりは理屈でなく、本能のなせるわざです。

一番理想的なのは、愛情をもってきちんと育ててきた子供が、その親御《おやご》さんそっくりな大人になり、また自分の子供に同じように愛情の連鎖《れんさ》を続けることです。

これがまさに、本当の意味で、親の鏡のように子供が育った、ということになるのだと思います。

## くさいものに蓋をしたら、我が子がそのにおいを嗅がせてくる

これは今まで私が非行相談を受けた中のお話ですけども、ある女子高校生が売春行為をしていたことが発覚し、お母さんが血相を変えて相談にいらっしゃったことがあります。いろいろ事情をお伺《うかが》いすると、かなり厳格な家庭のようで、特に性の問題に関しては、厳しく育てたようです。

しかし、厳しいといっても、まともな性教育をしたわけでもなく、照れくさいのもあって、思春期の子供と向き合ってこなかった。

というより、どちらかというと、性の問題を隠して隠して育ててきたとのことでした。

まあ、こういう家庭はきっと日本には多いでしょうし、私の家庭でも結構似ている部分はありましたが、本来、子供は親の性交渉によって生まれてくるわけですから、思春期が来たら、きちんと照れずに向き合わなくてはならない問題ですし、そこをきちんと教えずにいれば、妊娠中絶などのトラブルも起きてしまう大切なことです。

しかし、この家庭では、うちの子に限ってそんなことはしないだろうと、その〝くさいもの〟に蓋《ふた》をし続けてきたわけです。

その少女は、親が隠せば隠すほど興味を持ちました。

そして、やってはダメなものと思えば思うほど、スリルを味わえたといいます。

次第に不特定多数の男と寝るようになり、売春までしていたようです。

親が長年くさいものに蓋をしてきたものを、子供がさらに強烈なにおいにして嗅《か》がせてくる。

こういうことはよくあります。

私が非行に走っていた頃も、明確な理由説明もなく、頭ごなしに親がダメだダメだというものに対しては、

「なんでそんなに禁止するんだろう?」

と逆に興味を持ってしまいましたし、親が向き合わないことに対しては、徹底的にわからせてやろうと思っていましたから、その時の感情に似ているなと思いました。

子供と向き合うことから逃げて、くさいものに蓋をし続けていると、いつか子供がそのにおいを嗅がせてきます。

手遅れになる前に、勇気を出して、会話をする努力が必要かもしれません。

# 愛情不足が負の連鎖を起こす

私の経験上、愛情不足で育った親が、愛情不足を抱えたまま子育てをすると、次の世代に負の連鎖として現れやすいということが言えます。

数年前に、息子が不登校になってしまったという母親からの相談があったのですが、その母親の生い立ちを伺っていくと、愛情不足の負の連鎖が起きていました。

その母親は両親が厳格なエリート家庭に育ち、親の言うことを聞いて、自分もそれなりの大学に入って就職したそうなのですが、本当はやりたいことがあっても逆らうことは許されず、自分の意思を押し殺して過ごすのが当たり前だったそうです。

しかし、自分の意思を尊重してもらえず、親の価値観の犠牲になって生きてきた自分の人生を、自分の子供にも押しつけてしまったそうです。

「自分は親の言うことをちゃんと聞いてきたのに、なぜあなたは聞けないの?」

そう思うと無性《むしょう》に腹が立ち、自分の感情をコントロールできず、子供についつい手を上げてしまっていたそうです。

しかし、今思えば、息子はただ自己主張をしているだけだったのですが、親に自己主張をしてこなかった自分にとっては、「息子は反抗的だ」というふうにしか思えず、その主張を力で押さえつけていました。

さらに夫はなかなか家に帰ってこれない多忙な仕事で、子育てを自分に任されているという重圧もあって、余計にヒステリックになっていたようです。

そのうち息子はどんどん内向的な性格になり、親にも本音を言わなくなり、その後は家庭内暴力や不登校をするようになったのです。

自分の意思を尊重してもらえなかった愛情不足が、子育てにも影響してしまったのです。

世間を震撼《しんかん》させた秋葉原無差別殺傷事件の加藤智大死刑囚も、無関心の父親とスパルタ教育の母親の価値観の犠牲になり、愛情の受け皿のない家庭で育ったことが、事件を起こした大きな要因だといわれています。また、大阪二児餓死事件を起こした母親は、ネグレクトで育った生い立ちを、そのまま我が子に向けてしまったとも。

いずれにしても愛情不足は、大なり小なり負の連鎖を起こす可能性が高いのですが、親以外の誰かに愛情をもらえた人や、そういう自分の人生と向き合い、自分自身で乗り越えた人は、その負の連鎖を断ち切ることもできるのです。

# 〝いい子〟を演じるイマドキの子供たちの本音

今まで様々な家庭のお子さんの相談に乗ってきて思うのですが、今の子供たちは昔に比べて、いちいち親に逆らったり、親に心配をかけるような行動を目に見えてとったりしなくなりました。

もちろん、昔はネットがありませんから、親と喧嘩したり、直接的なやりとりをするしかありませんでしたが、今はネットの中にエネルギーを発散できるから、いちいち衝突したりしないのです。

むしろ、親には〝いい子〟を演じて、ネットの中で、本音を言ったり、ストレスを発散したりして、誰かとつながったりしています。

しかし、その〝いい子〟になってしまうということは、実は親のことを信用していないということでもあるのです。

その背景には、

「いちいち心配かけたり、うるさく言われるのが面倒くさい」

「どうせ本音をぶつけたって、うちの親は理解してくれない」

などの本心が隠されているのです。

昔、「うちの子にかぎって」というドラマが流行《はや》りましたが、親の目の届かないところで行われるコミュニケーションが日常化してしまった現在、〝いい子〟だから大丈夫、と思っていた我が子が、ある日突然、犯罪やいじめに巻き込まれたりしてしまうことにもなりかねないのです。

〝いい子〟過ぎるのは問題です。

親に本音を言っても、共感してもらえるのなら、文句だろうが悪口だろうが、子供は話してきます。

〝いい子〟しか演じられないということは、親の受け止め方が〝いい子〟でいて欲しい願望や押し付けになっているのです。

# 長子（第一子）が生きることにつまずきやすい

これは私自身、そして私の周囲の知人友人、また今まで相談を受けた方々のデータも含めて、長男長女といった長子（第一子）は、生きることにつまずきやすいのではないかと感じています。

もちろん、そうじゃない方もたくさんいることは前置きさせていただきますが、長子の未婚率が高かったり、非行に走ったり、引きこもる人が多かったり……なぜそうなってしまうのでしょう。

原因の一つとしては、親にとって初めての子供ということで、過剰に可愛がりすぎたり、甘やかしたり、期待しすぎたり、といったような親の価値観の犠牲になっているという部分が考えられます。

第二子以降は親も子育てに慣れてきますから、第一子と比べると手取り足取りといったような過保護にはなりにくく、いい意味で適当適度な子育てとなる場合が多いのです。

私自身も長男で、妹と比べても過保護に育てられて、過度な期待も受けました。しかし結局、親への反発のための非行行動に走って、本来の自分のポテンシャルを発揮できない時期を過ごしました。

また、親になった今の私にとっても、初めての子供は特別でした。当然、感情移入している時間も一番長いわけですから、親にとっても特別な存在となることが多いと思います。

しかし、いくら特別だからといって、大事に大事にやりすぎることが、知らず知らず本人の生きる力や判断力を奪ったり、親の価値観から逃れるための反発行動を取らせてしまったりして、本来の本人が心から望む生き方を、できなくしてしまっていることが多いのです。

もちろん、長子がしっかりしていて、それと比較された第二子以降がつまずく場合もあると思いますが、大事なのは、長男だろうが次女だろうが、子供は我が子といえども別個の存在であることをきちんと認識して、平等に接することです。

生きる力を奪ってしまうような過保護や押し付けは、当然ながら本人のためにはなりません。

## 引きこもりの環境をつくるから引きこもる

私は、不登校や引きこもりの子供を持つ親御さんから相談を受けたり、引きこもり脱却支援の団体での講演などもしますが、引きこもりを抱える家庭で多いのが、経済的に安定している家庭です。

引きこもる前提として、まず鍵のかかる一人部屋がないと引きこもれませんし、そこにテレビやパソコンなど自分で自由に使える家電とお金が必要です。

最近は親と一緒にリビングで過ごす引きこもりの人もいますが、やはり年数が長い人ほど、一人部屋を持っている割合が高いと思います。

もちろん、引きこもる理由というのは人それぞれありますし、それについては、この本で再三書いてきている押しつけや過保護と言った親の接し方、そして学校でのいじめや人間関係でのトラウマなど、一言で片づけられるものではありません。

しかし少なくとも、一人部屋で引きこもり可能な環境がなければ、引きこもりは減るのではないかと私は思います。

たとえば、東日本大震災の時に、被災した一人部屋の引きこもりを抱える家族が、家を失ったことで家族でのコミュニケーションが強制的に増え、引きこもりから脱却できたという話を耳にしました。

ということは、引きこもる環境を与え続けている親の責任はとても重大なのですが、そこには家庭内暴力が元凶になっていることもあります。

親子関係が破綻し、子供の暴力に支配されるようになると、この環境を与え続けるしかなくなるのです。

そうなると、最終手段は家を売って引っ越すとか、親が家出するとか、そういう荒療治が必要になりますが、もし、まだこれから部屋を与える段階ということであれば、なるべく家族と接するような部屋の配置を考えるのがベターです。

そして理解しなくてはならないのは、引きこもるという行為自体が、本人にとって好きでやっているわけではなく、不本意な状態であるということです。

不本意な状態ということは、なんらかの要因で傷ついていて前に進めない状態だったり、心を休ませなくてはいけない状態だったりするわけですから、そんな状態の時に、プレッシャーをかけたり追い詰めるような言葉は禁物です。

その傷ついた我が子に寄り添い、その苦しみを受け止め共感し、また社会と戦えるよう、一緒に戦っていくスタンスが必要です。

共感してくれる親に暴力は振るいません。

いくら言葉で共感しているふりをしても、心でプレッシャーをかけていたり、我が家の〝腫物《はれもの》〟扱いをしているのなら、引きこもりは悪化するだけです。

今は引きこもりの五十代の未婚の子供と、八十代の年金暮らしの親が、社会から孤立し、介護や、親が死んだ後の年金停止によって、子供の生活が破綻するなどの「五十－八十問題」が深刻な社会問題となっています。

そうならないためにも、我が子が生きる力を取り戻せるよう、傷ついた心に寄り添いながら、この社会で生きていく方法を、一緒に模索していく必要があるのです。

## 信号が青でも左右確認

青信号で交差点に入ったにもかかわらず、赤信号で突っ込んできた車と衝突したり、中には運悪く死んでしまう人もいます。

そんなバカなことがあってもいいのかと誰もが思いますが、人間はみな完璧ではありませんから、脇見運転をする人や、飲酒運転をする人など、赤信号でも突っ込んでくれば、どんな善人でも被害にあってしまうのです。

私も大変恥ずかしいことなのですが、十代の暴走族の時代は、パトカーに追われてよく信号無視をしました。

逃げる時は、もう必死です。

命を投げ出してでも逃げようとしています。

そんな奴が突っ込んできたら終わりです。

みなさんができることとすれば、やはり青色だろうが、黄色だろうが、赤色だろうが、交差点や、車が来そうなところは全部、左右確認するしかないと思います。

どんなに周囲の交通の流れを止めてしまったとしても、車という鉄の塊《かたまり》が突っ込んでくることを考えれば、きちんと確認して進むしかないのです。

たとえば子供に、

「横断歩道を渡るときは、青信号で渡るのよ」

とだけしか教えなければ、子供は疑いもせず青ならば渡ってしまうでしょう。

左右を確認することを教えなければ、運悪く亡くなってしまうこともあるのです。

当たり前のことですが、大切な家族や命を守るためには、運に委《ゆだ》ねるだけではあまりにも無責任ということになってしまうのです。

# しつけに暴力はいらない

虐待で逮捕される親に、「しつけのために叩いた」という供述をする人が多く見られます。こういう人は〝しつけには、ある程度の暴力が必要だ〟という認識を持っています。なぜなら、自分自身も叩かれてしつけをされた人だからです。

確かに、それが当たり前の時代が、日本にもありました。

もともとは、しつけに暴力を良しとしていなかった日本の教育文化でしたが、一九三〇年～太平洋戦争の頃、軍隊が教育現場にかかわってきたあたりから、しつけに暴力や体罰が使われるようになったといわれています。

それゆえに、それ以降に生まれた子供たちは、家庭や学校でも、暴力や体罰でしつけられていることが多いのです。

そうやって育った子供たちが大人になり、次の世代にも同じようにしつけ、その連鎖が、しつけ＝暴力もやむを得ない、という認識の人々をつくったのだと思います。

よく昔の人で、

「今の先生は殴《なぐ》れないからかわいそうだね」

「最近の親は、子供を甘やかして殴らなくなったから付け上がるんだよ」

などという人がいますが、これは間違いです。

昔は当たり前だったため、それを正しいと思っているだけです。

現に、暴力や体罰でしつけられた子供たちが大人になり、自分の子供に虐待という形の誤ったしつけをする親が増えてしまっているのです。

しつけに暴力はいりません。

どんなに幼い子供でも、言葉で言い聞かせなければなりません。

なぜなら、人間には心があり、そして唯一、言葉がわかる動物だからです。

言葉や心で納得していないのに、力ずくで言うこと聞かせられても、その意味が理解できません。

理解ができないということは、相手に伝わっていないということになりますから、しつけにはならないのです。

どんな子供にも、人間である以上、下手《へた》くそでもいいので言葉を尽くし、なぜダメなのかを諭《さと》す努力こそが、本当のしつけだと私は思います。

## 継父による虐待はジェラシーの極み

私が一番許せない犯罪は、児童虐待です。

毎日のように、自分の親に殺される子供の痛ましい事件があとを絶ちません。

衝撃的だった大阪二児餓死事件や、最近では埼玉県狭山《さやま》市や、東京都目黒区で起きた女児虐待死事件など、毎回このような事件が起きる度に、犯人に対するこの上ない怒りと、哀れな子供たちをなんとか助けられなかったのかと、日本中が涙したことだと思います。

特に最近目立つのが、母親の再婚相手による虐待です。

狭山の事件の母親は「元夫に似てるから」という理由で、自分も一緒になって実の娘を凄惨《せいさん》な虐待死に追いやりました。

そもそも自分の子供を虐待する親というのは、自分自身がまともな愛情を受けていない場合がほとんどです。

大阪二児餓死事件の母親のように、自分が受けたネグレクトを自分の子供にしてしまったり、暴力を受けて育った親が、自分の子にも同じことをする。

まさに愛情を知らない人間の、負の連鎖が起きているのです。

愛情を知らないまま親になり、愛情を知らないから子供にも与えられないのです。

むしろ自分が誰かに愛情を与えてもらいたい、という状態ですから、子供に与えられるわけがないのです。だから夫婦になっても、相手に求めるばかりでうまくいきません。

そして離婚をし、自分を愛してくれる、好きと言ってくれる男に引っかかり、相手に対する依存心が強いままなので、子供のことより新しい夫が優先となってしまうのです。

性行為を平気で子供の前で見せる親、元夫にジェラシーを感じて元夫との子供に暴力を振るう新しい夫、それを見て見ぬふりする母親、一緒になって暴力を振るう母親など、こうやって愛情不足はさらに悲劇を繰り返すのです。

普通の感覚なら、自分の子供に暴力を振るうような再婚相手は、即座に離縁となるでしょうし、子供のことを第一に考えるのが親だと思うのですが、それもこれも自分自身がきちんと子供に愛情を与えられる存在であればこそできることです。

愛情に飢《う》えた親が、子供に与えるよりも、誰かに愛されたいという気持ちが強い以上、また犠牲になる子供があとを絶たないと思います。

こういう愛情不足で育った親を、世の中にこれ以上出してはいけません。

だからこそ、家庭の中での親のかかわり方が重要なのです。

## ほめるとおだてるの違い

私は小学生の頃は優等生でしたので、親も相当な期待をかけていたと思います。

しかし、その期待がどんどん大きくなると、八十点や九十点では満足してもらえなくなります。

「あと二問間違えなければ百点だったのに」

「ここが苦手《にがて》だから塾で教えてもらいなさい」

など、いつも足りないところを指摘されていました。

親は親なりに僕の才能を伸ばそうとして「あなたならもっとできる」と尻《しり》を叩いていたのでしょう。

それも良かれと思ってやっていたことだと思います。

でも、やっぱり頑張ったことは認めてほしい。

何点取ったとか、結果を出したからとか、そういうことではなく、人として努力したことをきちんと褒めてほしかったのです。

逆におだてられたことはよくありました。

「大して勉強してないのに良い点取れるなんて、お前は天才やな」

「さすが裕太は優秀やな」

など言われても、なんか嬉しくないというか、違和感があるのです。

私をその気にさせて、やる気を出させようとしていたのかもしれませんが、そういった親の意図を感じると、素直に喜べません。

褒めるというのは心底思っていることですから素直に喜べますが、おだてるというのは下心がありますから、素直に喜べないのだと思います。

特に子供は、親にありのままの自分を認めてほしいといつも思っていますから、優等生じゃないと愛してもらえないとか、ありのままの僕は愛されないとか、そういう親の態度や言動を敏感に感じ取って、傷ついたり、顔色を窺《うかが》ったりしてしまうのです。

## いじめる側の心理

いじめって本当に最低で嫌《いや》な行為ですよね。

立場の強いものが、立場の弱いものを精神的・肉体的に傷つける。

あるいは大人数で、一人を精神的・肉体的に傷つける。

特に学校で行われるいじめというのは、本当にタチが悪いです。

誰しも自分が標的になりたくないから、いじめられている人間を見ても、見て見ぬふりをする。

かわいそうだと思っても、怖くて手を差し伸べられない。

でも率先していじめている子供というのは、実はごく一部です。

そのいじめる子供たちの心理はどういうものなのでしょうか。

ほとんどの場合は、親子関係の不満やストレスから来るものです。

親が自分のことを認めてくれない、自分の気持ちを受け止めてくれない、などの不満や怒りを、手近にいる弱そうな子に攻撃することで満たそうとする。

つまり、本当は親に受け止めてほしいけれど、親にぶつけられない家庭の子供が、その不安や怒りを、別の形に置き換えることで満たしているのです。

なぜ親にぶつけられないのかというのは、それこそ親が頭ごなしにモノを言ったり、聞く耳を持たず、上から目線だったり、共感してくれなかったり、もしくは虐待を受けていたりなど、この本で再三いっているような親のまずいかかわり方が、負の連鎖として現れているのです。

ということは、いじめている側の子供にも、それはそれでかわいそうな事情があり、その部分の精神的ケアをする必要があるのですが、その家庭の事情のおかげでいじめにあい、傷つき、苦しみ、死にたいくらい追い込まれる子供がいるというのは、とても痛ましいことです。

もし、あなたやあなたの大切な人がいじめにあったら、迷わずその環境から距離を置き、身を守ることを優先してほしいと思います。

常識だとか世間体にこだわらず、命を最優先。

逃げたって全然構わないのです。

# 頭ごなしに否定しない

私は、幼少期からくせ毛で天然パーマだったので、

「くるくるパーマ〜」「焼きそば頭〜」

などと、小学校時代の上級生からよくからかわれました。

しかし、私も負けん気が強かったので、年上でも構わず反発して喧嘩しました。

喧嘩すると必ず親も呼び出され、父親にもよく説教されました。

「お前みたいにすぐ切れて喧嘩なんかしとったら、世の中ではやってけへんぞ」

「社会に出たらな、我慢ばっかりや！　お父さんだっていつも会社で我慢しとるんやぞ」

「お前みたいなやり方しとったらな、すぐクビになってしまうわ」などなど。

確かに父親がいうのは正論でした。

でも私の中では、生まれつきのくせ毛はどうしようもないものです。

「それを馬鹿にする奴らが悪いのに、なんで俺が怒られないかんのや」

そういって父親に反発すると、

「なんでお前は素直に親の言うことが聞けんのや！」

といつもタンスの上にしまってある竹の棒（通称ケツバット）でお尻やももを叩かれました。

しかし、頭ごなしに叱られたり叩かれたりしても、自分の言い分を聞いてくれない以上納得できません。

「いつか体が大きくなったら、親父に仕返ししてやる」

と結局、反発心を膨《ふく》らませることになっていきました。

さらに非行に走った中学時代には、あからさまに否定的になり、つるんでいる友達も含めて頭ごなしに否定されました。

「お前はまたあんな変な奴とつるんどるんか」

そういわれると、まるで自分を否定されたような気になって、さらに反発しました。

頭ごなしに押さえつければ反発するだけ。

共感してくれない人のいうことには耳を貸せないのです。

## 親の言葉は子供の人生を左右する

親が子供にかける言葉は、他人からかけられる言葉よりも重く、子供にとって一番影響を受ける言葉です。

親から愛のある言葉をかけられてきた子供は、自然と自信のある人になりますし、否定的な言葉をかけられてきた子供は、どんどん自信のない人になります。

特に人格を否定するような発言をしてはいけません。

「お前はひねくれ者だ」

「お前は神経質で細かい人間だ」

「だからお前はダメなんだ」

「お前はいつもそんなことくらいで……」

など、私も親から言われ続けてきた言葉ですが、毎回、言われる度《たび》に傷ついて自信をなくし、反発して喧嘩になりました。

しかし、言っている当の親は、自分も親にそう言われて育った歴史があるため、悪気なく言っているのです。

「昔はそんなのは当たり前だった」

というのですが、それを今の世代に押し付けられたら溜《た》まったものじゃありません。

親に人格否定されれば、子供はその通りの人間になります。

逆に長所を見つけてどんどん褒《ほ》めてあげるようにすれば、子供はまたその通りに育ちます。

親の言葉次第で、子供は善にも悪にもなるわけですから、ある意味、親が愛を持って言葉をかけてあげれば、思い通りに育つともいえるのです。

以前、私が相談を受けた男性が、母親に「お前なんか生まなきゃよかった」と言われてから人生を自暴自棄に歩み、刑務所を行ったり来たりするようになったそうです。

逆に冒頭の私のように、「お前は俺たちの大事な宝物や」と言われて愛情に目覚め、どん底から救われることもあります。

子供をどん底に突き落とすこともでき、またどん底から救えるのも親の言葉。

それだけ親の言葉には、良くも悪くもパワーがあるということです。

# 未成年とは？
# ＪＫビジネスや売春は女子高生も悪い？

女子高生の売春事件などで大人が逮捕されると、買った大人が批判されるのは当然なのですが、そんなことをしていた女子高生も悪いとして、ネットなどで批判的な書き込みをされることが非常に多いです。

確かにその行動は悪いですし、むしろそういった売春をしてしまうような精神状態をつくった親子関係はどうだったのかと、親が批判されることもよくあります。

しかし、忘れてはならないのは、女子高生は〝未成年〟です。

未成年というのは、日本では、満二十歳に達しない者（満十九歳以下）のことをいいます。（※２０２２年４月からは十八歳から成年なので満十七歳以下）

要するに、未だ成人していない未熟な状態の人間だから〝未成年〟と呼ぶのです。

ましてや性経験に乏しく、異性に興味盛んな思春期であるからこそ、まともな判断ができないのは当然なのです。

それなのに、その未熟な判断の未成年を利用して、本来は子供たちを守るべき大人が、お金儲けのエサにしているというのは言語道断です。

現在、巷《ちまた》では、〝JKリフレ〟〝JK散歩〟などのJKビジネスが横行し、それらをきっかけに、裏ではJK売春がひんぱんに行われています。

さらにネット社会になり、売る方も、買う方も、親の目の届かないところで行うことが容易になりました。

私の元にも、普段真面目《まじめ》で夜遊びもしない娘さんが、実は裏で悪い大人たちに売春をあっせんされてアルバイトをしていたという相談事例が、何件かあります。

そこにはまず、思春期の子供との親子関係の不和が動機になっていることがほとんどなのですが、だからこそ、

「そんなことしちゃいけないよ、何か嫌なことでもあったの?」

と子供に寄り添い、教え、導くのは大人なわけですから、それを買う側にいる大人というのは最低最悪と言っても過言ではありません。

自分の娘に同じことをされたら、どう思うのでしょうか。もし私の娘に同じことをされたら、その大人を一生許すことはできないでしょう。

大人の態度や導き一つで、善にも悪にもできるのが、未成年なのです。

## 小学生がランドセルを背負って一人で歩く異常さ

日本に来た海外の人が、小さな小学生がランドセルを背負って一人で歩く姿を見て、大変驚くそうです。

治安がいい日本では当たり前の光景ですが、アメリカでは一般的に、13歳以下の子供の一人歩きを禁じていたり、家や車の中で留守番をさせたりする親の行為を、虐待として罰したり、その代わりにベビーシッターの文化があったりするのです。

しかし、今の日本はどうでしょう。

巷《ちまた》には小児性愛者が溢れ、大の大人が、幼児や小学生を性の標的とする事件があとを絶ちません。特に最近では、教師やＰＴＡ会長までもが事件を起こす世の中になり、一体何を信じていいのか分からなくなっています。

だからこそ、アメリカではそう言った小児性愛者や、病《や》んだ人間がいるのが当たり前の社会として、対策をとっているのです。

そろそろ日本も、今までのような平和ボケした価値観に、終止符を打たなければならなくなってきています。

小さな子供なら、ポンと抱き上げられて車に乗せられたら終わりです。いなくなってから探し出すのは、非常に困難で絶望的と言ってもいいでしょう。こんな野放しの状態で、今の時代、我が子を守れるはずがありません。

確かに今の子育て世代は生活も大変です。

共働き家庭も多いですし、送り迎えをしてあげたくてもできない家庭も多いです。

でも、命は失ったら終わり。取り返しはつきません。

また、特に不景気になると、子供だけでなく、女性や老人など、弱い者に刃《やいば》が向くようになります。

今日明日飯が食えない人間は、生きるために罪を犯すことも恐れません。

仮に強盗するとしても、我々のような、いかつい男性をあえて狙いませんし、確実に奪えそうな人間を選ぶわけですから、自《おの》ずと弱いものに刃が向くことになってしまうのです。

いよいよ平和な日本が崩壊し、子供の一人歩きができないばかりか、女性や老人まで警戒しなくてはならないなんてとても悲しいことですが、万が一に備えた行動を、親や大人が常に意識し、対策していくことが必要不可欠になっています。

# 第6章

# 赤ちゃんは天性のボーカリスト

# 赤ちゃんは天性のボーカリスト

「オギャー！　オギャー！　オギャー！」

小さな体で、声高らかに力いっぱい泣く赤ちゃんの声は、遠くまで聞こえそうなぐらいパワフルでよく通る声です。

赤ちゃんはまさに天性のボーカリストです。

生まれた時はみな、素晴らしい声を持って生まれてくるのです。

しかし、生きていく中で、自分を押し殺したり、ストレスを抱えたり、自信を失ったりすることで、だんだん声が出せなくなってゆく人もいます。

特に声が出せなくなる原因としては、対人関係から来る緊張やこわばりと言ったものがあげられます。

他人に対して自分を表現する自信がないと、人前で話したり、ましてや歌うことなど到底できなくなります。

人前に出るだけで緊張やこわばりが生じ、声が出なくなってしまうのです。

でも、そういう人は、逆に人前でなければ、たとえば自宅のお風呂の中での鼻歌とかであれば、結構上手だったりするものです。

みんながもともと持っている声のポテンシャルですから、緊張やこわばりがなければ、誰でも声は出せるのです。

遠くにいる友人を見つけた時、

「おーい！　おーい！」

と大きな声が自然に出せるはずです。

また驚いた時に

「嘘でしょ？　マジで？」

と思わず言ってしまう時は、とても高音域の声を無意識に出していると思います。

しかし、人前で歌を歌おうとすると、とたんに緊張して大きな声も高い声も出なくなる。

そういう経験が「自分は歌が下手《へた》だ」という思い込みをつくり、どんどん苦手《にがて》意識を強めて自信を失くしてしまうのです。

犬や猫だって同じです。

野生で生きている犬や猫の鳴き声や遠吠《とおぼ》えは、飼い犬や飼い猫に比べて、強くたくましく大きな声です。

野生で生きていく自信を持っている動物と、いつでも食べ物にありつけるペットでは、生きていく上での自信は当然違うでしょう。

それは人も動物も、生まれながらに大変優秀なボーカリストであるにもかかわらず、生き方によって、体から発する声のパワーが変化してしまうのです。

## カエルの鳴き声で歌う

### 【裕太郎式ボイトレ①】

歌が苦手だという人のために、私がいつもボイストレーニングの指導をする時に行なっているやり方をお教えします。

このやり方は、実は私がかつて師事した歌の師匠から教えてもらったやり方です。

まずは〝この歌が歌えるようになりたい〟という歌を一曲用意します。

なるべく最初は、自分にとって歌いやすい歌にしましょう。

あまりにもキーが高かったり、難易度の高い歌はやめましょう。

前項でもお伝えしたように、歌が苦手な人は、人前で緊張したり、こわばったりして、もともと持っている喉《のど》のポテンシャルを発揮できていません。

人前で歌うとなったとたんに、こわばって力んでしまい、声帯をぎゅっと締《し》めつけてしまうのです。

ですから、まずは喉のリキみをとってやる作業をしなければいけません。

このリキみを取るやり方としてはいろいろな方法があると思うのですが、まずは心構えとして「バカになりきる」ということが非常に大切になってきます。

恥ずかしいという気持ちを捨てなければ、自分の殻《から》を破ることができないからです。

そしてバカになりきった状態で、「ケロ、ケロ、ケロ、ケロ」とカエルの鳴き声をしてみてください。

ガマガエルではなく、アマガエルです。

なるべくかん高い声で、自分の頭蓋骨《ずがいこつ》の額の裏辺りを響かせながらやってみてください。

我々の世代なら、志村けんさん（バカ殿）や、明石家さんまさんのブラックデビルの鳴き声。今の若者世代であれば、アニメ声と言ったらイメージしやすいかもしれません。

声の響きを頭蓋で感じながら、その声のまま、あなたが選んだ一曲を歌ってみましょう。

バカになりきって、カエル声やアニメ声のまま歌ってみましょう。

この歌い方だと、リキもうと思ってもリキめません。

普段、喉を締め付けながら歌う癖《くせ》のある人も、リキめないはずです。

この歌い方で、ある程度高い音も出せるように反復練習してください。

高い音が出しにくい場合は、無理して喉で持っていこうとせず、声が細くなってもいいので、頭蓋骨の額の裏の響きだけで歌うように心がけましょう。

**【おさらい】**

☑ この歌が歌えるようになりたい、という歌（歌いやすいもの）を一曲用意する。
☑ バカになりきる（恥ずかしいという気持ちを捨てる）。
☑ ケロ、ケロ、ケロ、ケロと、アマガエルの鳴き声をやってみる。
☑ 額の裏辺りにかん高い響きを感じられるように練習する。
☑ カエル声のまま、自分の課題曲を歌ってみる。
☑ 慣れてきたら、響きを意識しながら、フルコーラス歌えるように反復練習する。

## 穴を開けてそこから声を出す

### 【裕太郎式ボイトレ②】

額の裏側を響かせて、カエルの鳴き声である程度歌えるようになったら、今度は額と髪の毛の生え際《はえぎわ》の境目辺りに、一円玉ぐらいの小さな穴を開《あ》けましょう。

そして、その穴から声を細く出すイメージで、カエル声のまま歌ってみましょう。

カエル声の頭蓋の響きだけを持続したまま、細く薄くでいいので、リキまないように、額の穴から、斜め四十五度の頭上の方向へ、できるだけ遠くへ飛ばすイメージで歌ってみてください。

決して喉で力ずくで歌おうとするのではなく、あくまでも意識は額に開けた小さな穴から飛ばすイメージで行なってください。

もし口元がリキみそうになっても、カエル声を出していた時のようなリキみのない歌い方を維持してください。

反復練習して、額の穴の声の出口を感覚的にきちんと確保できたら、その穴から今度はカエル声ではない自分の声を出していきましょう。

喉や声帯がリキんでいるなぁと感じたら、すぐやめて、カエル声に戻してください。カエル声の時の響きを持続したまま、少しずつ自分の歌を解放していってください。

誤解のないようにいっておきますが、これは喉にリキみが入った声の出し方を治《なお》すためのトレーニングです。

決して喉で歌うなということではありません。

むしろ声帯のパフォーマンスを最大限に使えるようにするためのトレーニングです。

リキみや緊張があっては、声帯のポテンシャルが発揮できないのです。

とにかく慣れるまでは、細く薄くでいいので、頭蓋の響きを感じながら、額の出口から斜め四十五度頭上に歌を飛ばす練習をしてください。

そう簡単に上手《うま》くいくものではありませんが、コツさえつかめば、逆に今度は今までのリキんだ歌い方が不思議なくらいできなくなってきます。

その上で、ある程度課題曲が歌えるようになるまで頑張《がんば》りましょう。

私は基本的に、音程だとか、リズムだとか、そういうことはこの段階では特に気にしません。

むしろリキみがなくなってくれれば、余程の音痴《おんち》でない限り、自然に音程やリズムはあってくるはずです。

人間は生まれつきある程度音感を持っているのですが、リキみや緊張があると、音程やリズムが狂ってくるのです。

ある程度歌えているなぁと思えるようになったら、自分の歌を録音して聞いてみてください。

その課題曲が、プロと比べてどう聞こえるのか聴き比べてください。

プロの方がもちろんうまいに決まっていますが、自分で聞いていて恥ずかしくないレベルまでは歌えるように頑張ってください。


【おさらい】

☑額と髪の生え際の境目あたりに、一円玉くらいの小さな穴を開ける。
☑カエル声のまま、その穴から、細く薄くでいいので声を出して歌ってみる。
☑その穴から斜め四十五度の頭上の方向へ、できるだけ遠くへ飛ばすイメージで歌う。

☑ 反復練習して、額の穴の声の出口を感覚的にきちんと確保できるようにする。

☑ 徐々にカエル声から自分の声を出していく。リキんだら、カエル声に戻す。

☑ リキまない歌い方に慣れてきたら、自分の歌を録音して聴いてみる。

## 表現できて初めて歌になる

### 【裕太郎式ボイトレ③】

さて前項までのことができるようになれば、ある程度あなたは歌える人になっているはずです。

しかし、音程やリズムを外《はず》さず、音楽的に上手に歌える人というのは、ごまんといます。

今はカラオケの採点機能などもありますが、あれはあくまでも音楽的にどうかということだけで、プロの世界で言えば、音程やリズムが合っているのは当たり前の話です。

そもそも歌は、歌詞の意味や世界観を、聞いている人にいかにリアルにイメージを伝えられるかということだと私は思います。

私が昔、非行から立ち直り入学した大学生の頃、ボイストレーニングに通っていた学校にオペラの先生がいました。

その当時、私が歌いたかった課題曲は、尾崎豊さんの「I LOVE YOU」だったのですが、その先生が手本を見せると言って、

「アイ ラヴ ユー～」

とオペラ調に迫力満点の太い声で声高らかに歌われた時は、正直、違和感しかありませんでした。

なぜなら、日本語で言えば「私はあなたが好きだ～」と迫力満点で歌っていることになるからです。

オペラであるなら、そういった表現方法でもいいと思うのですが、相手に気持ちを伝えたり情景を思い浮かばせるのが歌だとするならば、少し違うなと私は感じたのです。

私だったらもっと切なく「あなたが好きなんです」ともっと優しい声で表現したいなと思い、どんな表現がいいのか歌詞をなぞりながら、何度も何度も練習をしました。

分かりやすくいうと、感情がこもった国語の朗読に、メロディーがついたような感じでしょうか。

そして、歌詞の表現が自分流で自由にできるようになって、さらに歌うことの楽しさの幅が広がりました。

表現というのは人それぞれですが、私が思うに、その表現の裏には、それぞれの人生が出ると思います。

つらく苦しい経験をした人ほど、表現の幅も広がるでしょう。

歌の世界はとても奥が深いのです。
自分の歌で人を泣かすことができた時は最高です。
みなさんもぜひ、歌うことの本当の喜びを味わってほしいと思います。

**【おさらい】**

☑ 歌詞の意味や世界観を、聴いている人にイメージさせる。
☑ 歌詞の表現を自分流で自由にできるようになる。
☑ 表現できるようになると、その人の人生や経験が歌に現れる。

# ありのままを受け止めて

私は二〇一四年に、『ありのままを受け止めて』という曲を作りました。

この曲は娘に宛《あ》てて書いた曲なのですが、もしも私が先に死んだとしても、娘に対する愛情を曲として残したいと思って作った曲です。

三十八歳で父親になり、我が子のあまりの可愛さに、自分がもしも死んでしまったら……と不安になり、居ても立ってもいられず書いたのです。

ほとんどの親は、子供より先に死んでしまいます。でも、死んだあとも、あの空から、あなたのことをいつも見守っているよ、守ってあげるよ、というのが親心。

講演ライブでは、いつもたくさんのお客さんが泣いてくれる曲でもあります。

二〇一八年四月に、千葉の保育士の会で行われた講演ライブでは、客席の一番前で聴いていた当時五歳の娘は、この歌を聴いて、しゃくり上げながら涙を流しました。

あまりの泣き様に、近くで聴いていた保育士のお客さんたちも一緒にもらい泣きしていましたが、五歳になって、言葉の意味がなんとなくわかるようになったからでしょう。講演ライブが終わって、どうして泣いたのかを尋ねてみると、

「パパがね、優しいことを歌ってくれたから」

と言ってくれて、私も嬉し涙を流しながら、思わず娘を抱きしめました。

今までの講演ライブでたくさんの人に愛されたこの曲ですが、この時ほど作ってよかったと思ったことはありません。

またこの曲に込めたメッセージは、自分の子供に宛てた親からのメッセージだけでなく、子供からのメッセージも描いています。

「これからの人生、いろいろな苦難が待ち受けていると思うけど、ありのままのあなたに自信を持って生きていってね」という親目線の気持ち。

「お父さんお母さんの期待通りじゃなくても、ありのままの私を受け止めてほしい」という子供目線の気持ち。

私自身も、私の娘二人とも、自分に自信を持ってありのままに生きていってほしい、と心から思っていますし、きっと親御《おやご》さんは誰しも同じように願うことだと思います。

しかし、そのためには、私たち親が、子供たちのありのままを受け止めて、自信を持た

せてあげなければいけません。

心配で可愛《かわい》さ余って、ついつい先回りしてあれこれ口を出したり、生き方を押しつけてしまったり、親にとっては〝ありのままを受け止める〞ということは、意外に簡単なことではないのかもしれません。

けれど、親にありのままの人間性を受け止めてもらった子供は、必ず自信を獲得します。

逆に親にありのままの自分を否定されたり、認めてもらえなかった子供は、大人になっても愛情不足に悩み続けます。

私も少年時代、教育熱心だった親の期待通りの〝優等生のゆうちゃん〞なら愛してくれるけど、そこから外《はず》れた僕に対しては、親の態度が明らかに変わり〝愛されないんだ〞と自己嫌悪《けんお》に陥《おちい》って、愛情不足に苦しみ続けました。

しかし、非行、更生を経《へ》て、親子の絆《きずな》を取り戻し、今は親との関係もとても良好です。

いつも私を応援してくれますし、どんな時でも味方でいてくれる両親のおかげで、私も自信を持って活動ができることを実感しています。

私もこの先、親として愛する自分の娘たちに、

「どんなあなたでも、あなたは最高よ！」

といつも伝えてあげられる親であり続けたいと思っています。

# ありのままを受け止めて

作詞・作曲：杉山裕太郎

人が持ってる愛は　使い方を誰も知らない
ただ叫ぶだけでは意味がない　伝わらなければ意味がない
押し付けたり出し惜しんだり　使い方を僕も知らない
自己満足じゃ意味がない　ちゃんと伝えなければ意味がない
ありのままを受け止めて　あなたはずっとそのままでいい
いつかこの世を去る日が来ても　あなたをずっと見ています

あの日生まれた小さな君は　きっと神様がくれた宝物
あの日僕は強く誓ったよ　何があってもずっと守ってく

あの日生まれた小さな僕は　きっと神様がくれた宝物
あの日父さん母さん誓ったのかな　僕のことをずっと守ってく
ありのままを受け止めて　あなたはずっとそのままでいい
ただ悲しみに暮れる日もあるけれど　そばにいるから大丈夫

こうして愛は続いてく　僕らの愛は続いてく
もらった愛を受け止めて　次の世代へつなげてく

ありのままを受け止めて　あなたはずっとそのままでいい
生きることが辛い日もあるけれど　味方でいるから心配しないで
いつかこの世を去る日が来ても　あなたをずっと見ています
いつかこの世を去る日が来ても　あなたをずっと見ています

# あとがき

この本を書いてるさなか、神奈川県川崎市で、小学生が犠牲になる無差別殺傷事件が起きました。

十九人もの死傷者を出したこの事件は、社会を震撼《しんかん》させたあの東京秋葉原の無差別殺傷事件（二〇〇八年）を思い起こさせるものでした。

この十年だけを見ても、何の罪もない人が犠牲になる通り魔殺人や、ネットを通じての猟奇殺人など、とても人間の所業《しょぎょう》とは思えないような恐ろしい事件が多発しています。

また親族間での殺人や、児童虐待によって親が子供を殺してしまうというありえない事件も、毎日のように報道されています。

いったいなぜこんなに、人の傷みの分からない人間が増えてしまったのでしょう。

今の世の中はネット社会になって色々なことが便利になった反面、人と人との〝直《じか》〟のコミュニケーションが減ってしまいました。

人を頼らなくても、誰とも会話しなくても、ネットを駆使《くし》すれば生きていけます。

人に道を聞く事も少なくなりましたし、家にいて買い物することもできます。

パソコンやスマートフォンが一台あれば、自分の意見を世の中に発信できたり、顔も知らない誰かとゲームができたり、世界中の人と言葉のやりとりが出来たり、外に行かなくても生活できる環境が整ってしまったわけですから、引きこもる人が増えるのも致し方ないことです。

しかし、血が通った直の繋がりというものは、人間にとって絶対に必要です。

人間はロボットではありません。

みんなそれぞれ感情や表情や〝心〟というものを持っています。

相手の微妙な表情を読み取ったり、感情によって声のトーンが変わったり、そういうものは、リアルコミュニケーションでしか感じることはできません。

私も昭和の人間ですから、いまだに〝電話ではなく、メールかＬＩＮＥで〟というコミュニケーションが苦手です。

メールやＬＩＮＥだと、相手の表情やニュアンスがわからないがために、相手の意図することを勘違いしかねないため、「直接話した方が早いやん」となるからです。

もちろん、ビジネスや団体活動においての事務連絡や、家族や仲間うちでの写真の共有など、我々の生活にすでに根付いているような便利なこともたくさんあるわけですから、ネットやスマホとの付き合い方は、この本でも再三述べている通り、人間の判断でそれぞれが使い分けなくてはならないのです。

正直、私が非行に走っていた時代のように、直接、親や先生や大人に反発したり、時には殴り合ったり、そういう血の通ったコミュニケーションしかできなかった時代の方が、人の痛みも知ることができました。

殴ったらどれだけ痛いのか、ナイフで刺したらどれだけ危険なのか、被害者の遺族がどれだけ悲しむのか、そういう想像すらできない、人の痛みのわからない人間が大量生産されているのは、まさに血の通った直のコミュニケーションが減ってしまったことも、大きな要因であると私は考えます。

〝大事なことは、直のコミュニケーションで対応する〟

このことをきちんとやっていかなくては、これからのネット社会で、家族や周りの大切な人との良好な関係を築けないばかりか、守ることもできないと思います。

指一本で〝いいね〟を押すだけでは、大切な人の心に共感し、寄り添うことなど到底できないのです。

そもそも私が講演活動をやり始めたのは、冒頭にも書いた二十三歳のあの夜の出来事を世の中に広く伝えるためでした。

「親が気持ちをわかってくれた・共感してくれた・愛してくれていた」。

その事を心底理解できたからこそ、それまでの孤独で自暴自棄《じぼうじき》だった感情から解放され、更生することができました。

しかしそれまでの自分は、親が気持ちをわかってくれない・共感してくれない・愛してくれてないという真逆の感じ方をしていました。ですが親からしてみれば、愛があるからこそ、子供のためを思えばこそ、という思いで私に接していたわけです。そのことが私に伝わっていなかったというのは、非常にもったいないことだと痛感しました。

そしてきっとあの時の私のように、ちょっとしたボタンのかけ違いから、愛情が欠落し、孤独で自暴自棄な感情を抱えている人がたくさんいるだろうことも、容易に想像することができました。

ということは、日々の生活の中で、照れず、出し惜しまず、相手に愛情表現をするということは、人間関係にとって一番大切なことだと気付くことができたのです。

せっかく愛し合ってる親子や夫婦などの関係も、相手に伝わっていなければ意味がありません。

せっかく本当は愛し合ってるのにもったいないことです。

しかし、形のない〝愛〟というものを伝えるのは難しい。

そこで私がたどり着いた答えが〝共感〟であり、具体的には、「そうだよね」が幸せのキーワードだったのです。

これを日頃から家庭内だけでなく、職場や学校など、あらゆるところで浸透させていければ、孤独を感じている人を減らし、自暴自棄になる人を減らし、世の中の大半の悲劇を減らせると確信しています。


人間は生まれながらの悪人など一人もいません。

誰もが愛の種を持って生まれてきます。

しかし、水も肥料も与えられなければ、愛の芽は枯れてしまいます。

枯れてしまえば愛は育たないわけですから、愛を知らない、痛みのわからない人間が出来上がってしまうのも仕方ありません。

愛の種が芽を出し、大きく育っていくように、そして、その子供たちが自分の子どもたちへ愛情の連鎖を続けていけるように、私たち大人の役割はとても重要なのです。

これからの世の中をより良くしていくために、私も皆さんも一緒に、愛に溢れた人生を楽しんでいきましょう。

二〇一九年八月

杉山裕太郎

◎PROFILE
**杉山裕太郎**（すぎやま　ゆうたろう）
魂のヴォーカリスト／青少年問題解決カウンセラー

1974年、岐阜県生まれ、2児の父。

　少年時代は優等生だったが、中学を境に非行に走り、暴走族リーダーや薬物乱用など、人生のどん底へ転落。しかし23歳の時、父との一夜の壮絶なドラマをきっかけに更生し、26歳で大学へ入学、首席で卒業、教員免許も取得したが、「歌で世の中の人たちに勇気を与えたい」と、30歳で音楽活動のために上京した。

　現在は、自身の壮絶な更生体験を伝えながら、愛と絆の大切さを歌う“魂のヴォーカリスト”として、「魂のうた講演ライブ」を全国の学校や市町村など300ヶ所以上で開催し、世の中の様々な悲劇の抑止力となるために、人々に勇気と希望と感動の涙を与え続けている。

　2015年には永遠の親子愛を歌う「ありのままを受け止めて」がNHKなど多数のメディアで紹介されたほか、TV、ラジオ、俳優、執筆など幅広く活動しながら、青少年問題や薬物問題のエキスパートとして1000人以上の非行やひきこもりなどの青少年や家族への相談・カウンセリングにも尽力。解決に導くその手腕にも期待が寄せられている。

**◎杉山裕太郎講演ライブ、カウンセリングのお問い合わせ**
【公式HP】　http://yutarosugiyama.com　“お問い合わせ”より電話かメールにて

## ありのままを受け止めて　自分の子供が壊れる前に読む本

■発行日　令和元年9月26日　初版第一刷発行
■著者　杉山裕太郎
■発行者　漆原亮太
■発行所　啓文社書房
〒160-0022　東京都新宿区新宿1-29-14　パレ・ドール新宿7階
電話03-6709-8872
■発売所　啓文社
■印刷・製本　光邦


ISBN 978-4-89992-066-3　C0030　Printed in Japan